Lactancia materna

Anne P. Mark, B.S.N., R.N., I.B.C.L.C.

TRADUCCIÓN:
   Ma. Amparo Penichet
   Traductora Profesional

Editora de división interés general: **Claudia Islas Licona**
Supervisor de traducción: **Antonio Núñez Ramos**
Supervisor de producción: **Rodrigo Romero Villalobos**

LACTANCIA MATERNA

Versión en español de la obra titulada *Complete Idiot's Guide® to Breastfeeding,* de Anne P. Mark, B.S.N, R.N., I.B.C.L.C., publicada originalmente en inglés por Alpha Books, Pearson Education, Inc., 201 West 103rd Street, Indianapolis, IN 46290, © 2001. *All rights reserved.*

Library of Congress Catalog Card Number: Available upon request

EDICIÓN EN ESPAÑOL
D.R. © 2002 por Pearson Educación de México, S.A. de C.V.
          Calle 4 No. 25-2do. piso
          Fracc. Industrial Alce Blanco
          53370 Naucalpan de Juárez, Estado de México

Cámara Nacional de la Industria Editorial Mexicana, Registro No. 1031

ISBN: 970-26-0329-3 de la versión en español
ISBN: 0-02-863639-2 de la versión original en inglés
ISBN: 0-02-864306-2 de la versión para USA

Impreso en México, *Printed in Mexico*
1 2 3 4 5 6 7 8 9 0   05 04 03 02

Editora
Marie Butler-Knight

Gerente de producto
Phil Kitchel

Editora Ejecutiva
Cari Luna

Editores de Adquisiciones
Susan Zingraf
Mike Sanders

Editora de Desarrollo
Joan D. Paterson

Editora de Producción
JoAnna Kremer

Corrector de estilo
Jan Zunkel

Ilustradora
Jody P. Schaeffer

Diseño de portada
Mike Freeland
Kevin Spear

Diseño de páginas interiores
Scott Cook y Amy Adams, de DesignLab

Composición/corrección de pruebas
Svetlana Dominguez
Mary Hunt
Ayanna Lacey
Heather Hiatt Miller
Stacey Richwine-DeRome
Mark Walchle

Contenido de un vistazo

Contenido

Prefacio

Lactancia materna, de Anne Mark, representa un gran servicio para todas las mamás que dan el pecho a sus bebés. Como pediatra y madre en el proceso de lactancia, me habría encantado que este libro hubiera estado disponible hace años. Ya sea que esté empezando a darle pecho a su primer hijo, o al segundo o al quinto, este libro nos recuerda el mensaje más importante de todos: la lactancia puede tener éxito con la información y los recursos adecuados.

A pesar del hecho de que la leche materna es el alimento perfecto de la naturaleza, y que como mamíferos estamos creados para esa tarea, es probable que la lactancia no sea tan natural para todas nosotras. Algunas podemos sentirnos verdaderamente confundidas. El libro de Anne Mark recorre un largo camino al desmitificar simultáneamente los puntos potenciales de problemas y felicitar a las nuevas y recurrentes mamás sobre sus logros en la lactancia.

Lactancia materna lleva el manual de amamantar a un nivel de profundidad enteramente nuevo. El libro comienza con una sección dedicada a la "ciencia" de la lactancia: los beneficios naturales tanto para la madre como para el infante. Como pediatra y al estar mucho tiempo dedicada a la lactancia, esta sección está muy cercana a mi corazón. Nuestro entendimiento científico de los miles de beneficios de la leche materna y de amamantar ha recorrido un camino muy largo en las últimas décadas: las propiedades antibacterianas, antivirales y antiinflamatorias de la leche materna están bien documentadas; los beneficios para la madre que practica la lactancia en términos de equilibrio de calcio y la prevención potencial de cáncer se investigan cada vez más a fondo. Esta sección histórica y científica puede leerse y volverse a leer como una afirmación de la elección de la mujer para amamantar. Las secciones siguientes abordan los aspectos elementales de la lactancia y constituyen la verdadera esencia de *Lactancia materna*.

A través de sus 17 años de experiencia como enfermera en obstetricia, educadora en partos y consultora certificada sobre lactancia, Anne Mark sorteó todos los obstáculos posibles que una madre podría enfrentar. Es en su atención a los problemas potenciales y los obstáculos para amamantar, que el libro de Anne logra su grado exclusivo de integridad. Desde los capítulos dedicados a los sistemas profesionales y de apoyo disponibles hasta los que la inician y la mantienen en la lactancia, literalmente no hay un solo aspecto que no se cubra. Las madres que amamantan y sus compañeros querrán releer estas secciones una y otra vez.

A diferencia de otros textos excelentes dedicados a la lactancia, este libro es accesible universalmente para madres que amamantan. Está diseñado para esa época frenética a la mitad del embarazo cuando los padres sopesan sus alternativas, y para las semanas y los meses postparto en que los padres francamente no pueden darse el lujo de dedicar tiempo a digerir material enciclopédico.

Lactancia materna promete convertirse en un amigo bastante útil para toda mujer embarazada o que se encuentre amamantando. Llevó tiempo llegar a él, pero estoy feliz de que ahora exista.

–Jane A. Oski, M.D.
Tuba City, AZ

Introducción

Felicidades, ¡se está preparando para ser una nueva madre!

Quizá ya descubrió que hay muchas consideraciones y decisiones que debe tomar respecto a su nuevo bebé. Definitivamente puede ser algo agobiante tomar tantas decisiones sobre tantas cosas. Una de esas decisiones tendrá que ser sobre alimentar a su bebé. La verdadera razón por la que eligió este libro pudo haber sido para tener más información sobre sus elecciones para alimentarlo, concretamente dar leche materna.

Si ya eligió dar el pecho a su bebé o si todavía está indecisa, este libro puede ayudarle a obtener información práctica y comprensión de lo que se trata la lactancia. Debe guiarla en su toma de decisión para ayudarle a elegir una opción informada.

Su primera impresión sobre la lactancia puede implicar ansiedad y preocupaciones. Seguramente alguien ya le dio vasta información sobre los padecimientos y las tribulaciones de amamantar. Desearía haber estado disponible fácilmente para contestar todas sus preguntas y aliviar su ansiedad sobre este tema. Aunque la verdad es que no puedo. Por eso escribí este libro que es lo siguiente mejor. Quiero ayudar a dirigirla y guiarla antes y durante su experiencia de lactancia. Me encantaría ser su elección número uno.

No podía esperar un público más grande cuando surgió la oportunidad de escribir este libro. El solo hecho de imprimir la palabra "lactancia" en la portada fue algo que tampoco podía desaprovechar. Con tantas madres actualmente tratando de hacer una elección sobre la alimentación de su bebé sin tener toda la información disponible, quería compartir toda la que yo puedo ofrecer. Cada día vivo, como y respiro lactancia como consultora certificada en la práctica de la lactancia. Mi responsabilidad es actuar como informadora del tema y practicante del cuidado de la salud para mejorar la salud de mamás, papás y bebés.

Sí, la lactancia natural es una elección personal y para ayudarle con su elección y evitar que se sienta "completamente confundida", puede seguir leyendo para obtener una riqueza de conocimientos y recursos. Esta guía se escribió para darle cierta educación básica y comprensión práctica sobre lo que es la lactancia, sus beneficios, cómo funciona y las herramientas necesarias para que tenga éxito.

Agradecimientos

Escribir este libro fue una experiencia excitante pero a la vez de humildad. Escribir libros y amamantar tienen mucho en común: largas noches, poco sueño, así como lo inesperado. Pero a pesar de los desafíos, volteo al pasado y me da gusto haberlo logrado, igual que usted estará feliz con la lactancia. Este libro no pudo haberse escrito sin la paciencia y el valor de mi esposo Bruce. Gracias por ser mi compañero en la vida. A mi mamá, Evelyn M. Wellman, quien no estuvo informada ni tuvo apoyo a su lactancia en 1958. Y a mi padre, Dr. Henry N. Wellman, quien no tuvo capacitación formal en lactancia durante su educación médica y su residencia. Ambos saben que en la lactancia existe un arte y una ciencia.

Mi profundo agradecimiento también para una cuñada especial, Beth Mark, y mi cuñado, Daniel D. Mark. Además de su inagotable apoyo emocional, me ayudaron a hacer realidad mis sueños. Sus palabras de sabiduría fueron una verdadera fuente de inspiración. También quisiera agradecer a un tutor profesional, Cheri Hull, quien me dijo que podía combinar con éxito los negocios y el cuidado de la salud. ¡Tenías razón! Gracias a Fran Klene y a los médicos de Ginecobstetricia de Beacon que imparten educación sobre lactancia a todos los padres. Que su dedicación a las instrucciones prenatales sobre lactancia sea una fuente de inspiración para todos los obstetras. Por último, gracias a mis cinco hermanas por la amistad, el compañerismo y las risas que compartimos.

Agradecimiento especial a la revisora técnica

Debo más que un simple agradecimiento a Elizabeth Kashin por revisar *Lactancia materna*. Aprecio enormemente tu competencia profesional, técnica y maternal. Me enseñaste lo que yo ayudé a enseñarte.

Marcas registradas

Todos los términos mencionados en esta obra que se sabe o se sospecha son marcas registradas o de servicio se pusieron adecuadamente con mayúsculas. Alpha Books y Pearson Education, Inc., no pueden garantizar la exactitud de esta información. El uso de un término en este libro no deberá considerarse que afecte la validez de cualquier marca registrada o de servicio.

Capítulo 1

Recurso de la naturaleza

¿Se ha detenido alguna vez a apreciar cuánto tiempo la humanidad ha habitado este planeta? Son tantos años que se me hace difícil de comprender. La vida sigue día tras día. Lo increíble es el hecho de que hombres y mujeres hayan sobrevivido con los recursos disponibles. Aprendieron qué se necesita para sobrevivir.

La leche materna ha alimentado a los infantes desde que el ser humano está en esta tierra. La leche materna es uno de los recursos disponibles más valiosos que permiten a los bebés desarrollarse y sobrevivir. El hecho de que nuestra especie haya sobrevivido hasta ahora se debe en parte a la habilidad de la mujer para alimentar a sus criaturas. Veamos los componentes nutritivos y medicinales de la leche materna para ayudarle a entender su contribución a la continuidad de nuestra existencia.

Conducta del mamífero

Carolus Linnaeus, médico y botánico sueco, acuñó el término "mamífero". Viene del latín *mammae* que significa "órgano que secreta leche". Él usó este término para distinguir a los animales que amamantan de los que no. La clase de los mamíferos consta de animales cuyas características incluyen las siguientes:

➤ Tetillas productoras de leche

➤ Pelo

➤ Tres huesos auriculares

➤ Un corazón con cuatro cámaras

Me imagino que se estará preguntando: "¿soy mamífero?". Si contesta "sí" a tres de las características anteriores, entonces es mamífero. Hombres y mujeres tenemos tetillas, pero sólo las de las mujeres producen leche. (me ocuparé de esta diferencia anatómica en el capítulo 7, "Componentes clave".)

Considere este punto: los mamíferos producen leche para sus crías en respuesta a su actividad de succionar. Todo mamífero que se reproduce puede dar leche a sus crías. No hay necesidad de cazar o conseguir forraje para alimentarse. No hay necesidad de buscar, preparar, refrigerar o almacenar comida para alimentar a sus crías.

Si ha visitado el zoológico, seguramente habrá notado que leones, tigres, monos, ballenas, llamas y leones marinos amamantan a sus bebés. Es un acto elemental de la conducta de los mamíferos. Usan sus instintos para nutrir y proteger a sus crías. Quizá un cachorro grande atormenta a uno más pequeño. El pequeño corre hacia su mamá en búsqueda de protección y toma un refrigerio mientras tanto. O una potranca recién nacida se detiene en medio de una verde llanura para tomar leche de su madre. También está esa nueva camada de cachorros, disfrutando desayuno, almuerzo, refrigerios y cena de mamá. Es tan natural.

Conducta del humano

La especie humana, *Homo sapiens*, innegablemente pertenece a la clase de los mamíferos. Los seres humanos poseen cabello, corazón, orejas y senos. Pero, ¿alimentamos a nuestros bebés igual que otros mamíferos? ¿Proporcionamos la misma nutrición básica instintiva para nuestras crías que la que nuestros antepasados nos brindaron? ¿Cuáles son las necesidades básicas de todo mamífero? ¿Cuáles son las necesidades de todo ser humano?

El cuerpo humano debe nutrirse continuamente para sobrevivir. Necesitamos que el alimento y el agua nos proporcionen la energía básica necesaria para sobrevivir. El cuerpo es una máquina que necesita combustible para funcionar en forma adecuada. Su bebé recién nacido requiere alimento y agua después de su nacimiento para poder sobrevivir. Dentro del vientre, el feto recibe alimento y líquidos por medio del cordón umbilical. Después de nacer, continúa dependiendo de su madre para recibir alimento y agua. Proporcionar nutrición a su infante es una responsabilidad básica de cualquier madre.

Todo ser humano necesita dormir. Es otra necesidad humana básica. El sueño nos brinda tiempo de descanso para nuestra máquina. Usted, indudablemente admitirá que no funciona bien con poco sueño. Después del parto, la lactancia le ayudará a obtener el sueño y el descanso necesarios para recuperarse. Las hormonas que se liberan durante la lactancia le provocan relajamiento e inducen el sueño. Estas hormonas inductoras del sueño están presentes en su leche materna, así que la lactancia también ayuda a su bebé a dormir.

La última de nuestras necesidades humanas básicas es protección. A través de la lactancia una madre puede ofrecer a su bebé confort, seguridad y refugio, los cuales proporcionan protección. Comemos mejor cuando nos sentimos cómodos. Dormimos mejor con un refugio adecuado. Y la sensación de seguridad ayuda a reunir todo lo demás.

La lactancia satisface todas estas necesidades humanas básicas de alimento y agua, sueño y protección. Nuestra especie no habría sobrevivido sin los elementos vitales que brinda la lactancia.

Oro líquido

El hecho es que los senos humanos producen leche para sus bebés. Es la *tetilla* que un infante humano succiona. Los senos humanos son el órgano secretor de leche que Linnaeus identificó como exclusivo en los mamíferos. Sin la leche materna, nuestra especie no habría sobrevivido. La lactancia nos ha llevado hasta aquí, ¡incluso aunque nosotros mismos no hayamos sido alimentados con leche materna!

Científicamente, el hecho de amamantar se conoce como *lactancia*. Es el periodo durante el cual una madre secreta leche para su infante. También es una continuación de su ciclo reproductor; la duración de este ciclo abarca desde el inicio del embarazo hasta la terminación de la lactancia, la cual puede durar dos o tres años o más si se continúa la estimulación de la glándula mamaria y la liberación de leche.

Una característica exclusiva de la leche humana es que es específica de su especie. ¿A qué me refiero? Bueno, sus componentes son específicos para la especie para la cual se diseñó. En otras palabras, la leche humana es para bebés humanos. La calidad y las cantidades de los componentes de la leche humana son exactamente lo que un bebé necesita.

Los componentes importantes de la leche humana son los siguientes:

➤ Agua

➤ Proteínas

➤ Carbohidratos

➤ Grasa

➤ Minerales

➤ Vitaminas

➤ Anticuerpos

➤ Glóbulos blancos

➤ Enzimas

➤ Hormonas

El agua constituye el componente más grande de la leche materna. Los demás componentes se suspenden o se disuelven en agua. Si le preocupa que su bebé tenga sed en ambientes cálidos o húmedos, recuerde que la leche materna es principalmente agua. El agua es un elemento vital para toda célula del cuerpo. También

3

ayuda a regular la temperatura del bebé. Cuando el agua se evapora de la piel y los pulmones del bebé ocurre pérdida de calor.

Las proteínas, los carbohidratos y la grasa son nutrientes esenciales que también se encuentran en la leche materna.

➤ **Proteínas.** Las inmunoglobulinas son proteínas exclusivas de la leche humana que proporcionan protección contra bacterias y virus.

➤ **Carbohidratos.** El carbohidrato predominante en la leche materna es la *lactosa*. Está muy concentrada y es la combinación de dos azúcares simples: glucosa y galactosa. Un carbohidrato proporciona energía rápidamente y se digiere con facilidad.

➤ **Grasa.** La grasa es vital para el crecimiento y desarrollo del bebé. Ésta contribuye con 50 por ciento de las calorías y es el segundo componente más grande de la leche materna. La grasa contribuye al desarrollo global del sistema nervioso, incluyendo el cerebro. Su apetito se satisface cuando hay grasa presente en su alimento.

Los minerales y las vitaminas son elementos vitales necesarios para las funciones celulares del cuerpo.

➤ **Minerales.** El calcio y el fósforo ayudan al crecimiento de los huesos de su bebé. El sodio y el potasio se mueven libremente dentro y fuera de las células en su cuerpo. El hierro es esencial para los glóbulos rojos que transportan oxígeno a todo el cuerpo.

➤ **Vitaminas.** Las vitaminas, importantes para muchos sistemas de su cuerpo, también se encuentran en la leche humana. La vitamina A ayuda al crecimiento de nuevas células y mantiene sanos los tejidos. La vitamina B ayuda a convertir muchos nutrientes en energía. La vitamina C ayuda en la reparación de tejidos y la síntesis de enzimas y hormonas. La vitamina E es necesaria para la producción de glóbulos rojos, así como para mantener la integridad de los músculos. La vitamina K es esencial para la coagulación de la sangre.

Los anticuerpos y los glóbulos blancos son componentes vitales para prevenir infecciones y mantener la buena salud de su bebé.

➤ **Anticuerpos.** Toda mamá pasa su inmunidad a su bebé a través de la leche. La transferencia de anticuerpos a través de la placenta y de la leche materna se considera inmunidad pasiva. Cuando un bebé desarrolla anticuerpos en respuesta a un antígeno, se conoce como inmunidad activa.

➤ **Glóbulos blancos.** Una fuente abundante de glóbulos blancos protege contra infecciones que pueden ocasionar los virus y las bacterias. Los glóbulos blancos refuerzan el tracto digestivo y los pulmones del bebé para luchar contra contaminantes que pueda ingerir o respirar. Los fagocitos y los linfocitos son los tipos principales de glóbulos blancos en la leche humana.

➤ **Enzimas.** Las enzimas presentes en la leche materna pueden ayudar a la actividad digestiva del bebé y son necesarios para su crecimiento y desarrollo.

➤ **Hormonas.** En la leche materna se encuentran hormonas como la tiroxina, el cortisol y los estrógenos. Ayudan a estimular la actividad de ciertos órganos dentro del cuerpo del bebé.

La leche materna contiene muchos más componentes que están en las cantidades y proporciones exactamente correctas. Estas cantidades y proporciones varían de acuerdo con el ritmo de crecimiento y desarrollo de su bebé. No tiene que preocuparse por qué necesita y cuándo lo necesita. Todo está programado para usted. Las investigaciones continúan para identificar y estudiar nuevos componentes que se encuentran exclusivamente en la leche humana.

Un vistazo a la historia

Se creía que las diosas romanas de la fertilidad y el amor ayudaban a la mujer en la lactancia. Era práctica común adorarlas para recibir a cambio una producción abundante de leche. Era sabido que la mujer que amamanta necesitaba buena salud y mucha leche materna con la cual nutrir y alimentar a su bebé. A las mujeres espartanas se les obligaba a dar leche materna a sus hijos mayores. Las leyes antiguas requerían que los ciudadanos respetaran a las mujeres que estaban en el periodo de la lactancia. Los médicos romanos escribieron las normas para el cuidado de infantes que incluían succionar del pecho materno hasta los tres años de edad. Hipócrates escribió que sólo la leche de la propia madre de un infante era benéfica, no la leche de otras.

La Biblia contiene varias referencias sobre la alimentación con leche materna, inclusive pasajes que prometen bendiciones de bondad y amabilidad para madres que dan el pecho a sus hijos. Encontramos que Moisés fue amamantado por una nodriza. ¡Pero sucede que esa nodriza era su propia madre! La gente de esa época sabía que la leche de la mujer tenía efectos nutritivos y medicinales que la leche no humana no podía proporcionar.

El Talmud especifica un periodo de 24 meses para la lactancia. Era común que los antiguos hebreos destetaran a sus bebés alrededor de los tres años de edad. "E Isaac creció. El día que dejó de ser amamantado, Abraham celebró un gran banquete" (Génesis 21:8). El Corán también señala que un infante debe amamantarse hasta los dos años de edad. Un antiguo texto hindú especifica que el destete de un bebé puede empezar después de su segundo cumpleaños.

Junto con todo lo bueno de la lactancia, vino lo no tan bueno. Algunos médicos y estudiantes empezaron a concluir que la lactancia es problemática, con base en preocupaciones comunes que muchas mujeres expresaban y preguntaban sobre sus bebés. Esto dio como resultado mensajes y reglas confusas sobre la lactancia que convencieron a las mamás de que no era buena para ellas. Un médico romano, Soranus (principios del siglo II D.C.), escribió exactamente cuándo alimentar a un bebé y cuándo no. Escribió que el llorar antes de colocarlo en el pecho era bueno para los órganos respiratorios. Los escritos de M. Ettmüller a finales del siglo XVII decían que amamantarlo muy a menudo "desordenaba" al niño y que grandes cantidades de leche se "estancaban" en el estómago. Muchas mujeres siguieron el consejo de estos expertos de su tiempo. La lactancia no se promovió durante los siglos XVI y XVII en las familias de clase alta en toda Europa debido a su efecto anticonceptivo. El médico francés Pierre Budin, un promotor de la lactancia, escribió en 1900 que era mejor dar "demasiado poco, que mucho". Muchas mamás estaban convencidas de que no tenían "buena" leche. Los médicos instruían a las madres para que programaran la alimentación de su bebé porque "las comidas irregulares eran dañinas". Se decía a las mamás que dejaran a los bebés llorar en vez de alimentarlos entre las comidas programadas. Las regañaban por alimentar a los bebés por la noche, porque la leche de las noches se consideraba "echada a perder". Se les enseñó que la sobrealimentación causaba problemas estomacales en los bebés. Algunos de los expertos escribieron que la lactancia ocasionaría a las madres una "enfermedad nerviosa, se vuelven demacradas e incluso quedan ciegas".

¿De dónde vienen las nodrizas?

Cuando la lactancia se vuelve difícil, hay que recurrir a alguien que lo haga, ¿de acuerdo? Bueno, eso es exactamente lo que sucedió. Una mujer contratada para alimentar a un bebé se llamaba *nodriza*. El término nodriza significa cuidar y amamantar. Hay referencias de nodrizas durante la época griega y romana, pero la práctica común de contratar a una nodriza comenzó en Inglaterra y Europa en los siglos XVII y XVIII. Las familias de clase alta y media podían darse el lujo de emplear nodrizas. No se consideraba adecuado dar el pecho para el estilo de vida de los ricos. Se pensaba que hacía que los senos se colgaran, que interfería con la vida social y que impedía que se tuviera una fructífera cantidad de hijos que llevaran su nombre. Los corsés que usaban las niñas desde los tres o cuatro años de edad, pueden haber deteriorado los senos para la lactancia y la producción de leche adecuadas.

La Era Victoriana ayudó a ocasionar una obsesión por la limpieza y la pureza. Como la leche materna es un fluido corporal, estaba asociado con ser "sucio" y se dejaba que los menos favorecidos llevaran a cabo la lactancia. Se enviaba a los infantes con una nodriza y regresaban con los padres después de que eran destetados, alrededor del segundo o tercer cumpleaños. Las leyes francesas y británicas regulaban la práctica de nodrizas. Dar el pecho en público, en especial para mujeres con un cierto nivel social, se consideraba inaceptable. Este acto exponía los senos, lo cual estaba prohibido en esa época.

La práctica de las nodrizas se hizo a un lado cuando el público empezó a preocuparse por la condición moral de las nodrizas. Los filósofos y los médicos escribieron sobre el daño que causaban las nodrizas. El infante podía adquirir algunos rasgos del carácter moral indeseable de la nodriza. Si se era rico y famoso, ¿por qué arriesgarse a tener rasgos de pobreza que se le pasaban a sus herederos? Las enfermedades de la nodriza podían contagiarse a través de su leche. Los médicos demandaron el regreso a la "leche materna". La mayoría de las personas en esa época entendieron que la leche de la madre ayudaba a su bebé a sobrevivir.

Fórmulas: ¿químicamente correctas?

Los médicos entonces buscaron una alternativa a las nodrizas para las mamás. A mediados del siglo XIX se vio la introducción de sustitutos de leche materna. Los químicos empezaron a hacer mezclas que supuestamente simulaban la leche materna y luego la comercializaron para madres y médicos. La publicidad decía que su fórmula era exactamente como la leche materna. Los médicos estuvieron de acuerdo en que era mejor que una nodriza, y los químicos aseguraron al público que la mezcla era científicamente correcta.

A principios del siglo XX vimos un cambio en la práctica de dar a luz de esa época. Los partos en el hogar y el uso de comadronas empezaron a declinar conforme se daban cada vez más en instituciones hospitalarias. La anestesia general libraba del dolor de parto. Separaban a los recién nacidos de sus madres, los envolvían y los mandaban a las cunas del nosocomio. El hospital requería guantes y mascarillas para la mayoría de los procedimientos. Los hospitales tenían rutinas que incluían programas de alimentación. Se alimentaba a los bebés con fórmula en vez de leche materna, mientras sus mamás se recuperaban del parto, con frecuencia durante dos semanas. Los hospitales y el personal médico ayudaban a determinar la práctica de alimentación del infante de ese tiempo. La ciencia, las rutinas del hospital y los sustitutos de leche materna contribuían a la desaparición de las tendencias maternales de la lactancia.

La era industrial y las guerras mundiales también contribuyeron a declinar la lactancia. El crecimiento de la industria ofreció mayores oportunidades de trabajo a mujeres. El lugar de trabajo no ofrece a las mujeres la oportunidad de traer con ellas a sus bebés lactantes. Los bebés y los niños pequeños eran cuidados lejos de sus madres. El largo y extenuante día de trabajo no permitía que una mamá alimentara con leche materna a su bebé. Los médicos y los fabricantes de fórmula materna aseguraban a las madres que los sustitutos de leche eran tan buenos como la leche materna. Las guerras mundiales demandaban que tanto hombres como mujeres trabajaran para ayudar a la causa. El enfoque en ese tiempo no apoyaba los intereses de la madre y el bebé.

Perspectiva global

Con los años hemos visto varias tendencias y prácticas que han contribuido a la declinación de la lactancia. Pero no nos preocupemos demasiado. La sociedad determina prácticas "normales" con base en lo que la mayoría decide hacer. Cuando los porcentajes de lactancia estuvieron bajos en los Estados Unidos y Canadá, los científicos se ocuparon de investigar qué hacía tan exclusiva a la leche materna. Sus resultados científicos están ayudando actualmente a restablecer de nuevo la normalidad de la lactancia.

Las prácticas culturales también ayudan a aumentar los porcentajes de lactancia. Las habilidades de cómo alimentar a los bebés se enseñan de una mujer a otra dentro de un contexto cultural. El crecer con familia y amistades que alimentan a sus hijos con leche materna le ayuda a determinar cuán normal es esto para usted. También se aprende de la observación. Varios países han tomado en cuenta el consejo de la Organización Mundial de la Salud de que la leche humana es esencial para la supervivencia del infante. Más y más datos ofrecen resultados concluyentes de que la leche materna reduce el índice de mortalidad infantil en todo el mundo.

Los efectos de los desastres naturales, actos de guerra y accidentes ambientales ayudaron a confirmar que la lactancia es vital. Las víctimas de guerra y desastres aprendieron por qué no deben depender de sustitutos de leche materna. El suministro de agua fresca y fórmula son escasos, si no es que ausentes, bajo estas circunstancias. La posibilidad de comprar, preparar y almacenar leche para el bebé puede ser casi inexistente. La leche de una madre resuelve este dilema.

El regreso a la lactancia continúa en forma lenta pero segura. Los mismos factores que determinaron las tendencias y prácticas en la historia todavía continúan para todos nosotros en la actualidad. Los científicos, los proveedores del cuidado de la salud, las culturas y los padres de familia que defienden la lactancia, ayudarán a restablecer esta elección de alimentación como una norma. Los capítulos siguientes señalan qué necesita usted saber realmente sobre la lactancia.

Capítulo 2

Te diré cuál es el beneficio. Tengo hambre. Si me alimentas, no estaré llorando hasta las 2 A.M. Ése es el beneficio

Su paquete de beneficios

Es difícil creer que un producto como la leche materna tenga tan grandes beneficios. Algunos de éstos se pueden ver en realidad. Otros beneficios pasan detrás del escenario y puede ser que tal vez nunca se dé cuenta de su valor. El hecho es que las bondades de la lactancia son numerosas. ¿Por qué no aprovechar su gran paquete de beneficios?

Beneficios para mamá

Existe mucha protección oculta en contra de los cánceres femeninos cuando empieza y continúa con la lactancia de su bebé. Su útero se reducirá al tamaño que tenía antes del embarazo. También, cualquier peso adicional que haya ganado durante el embarazo se desvanecerá rápidamente, sólo de la energía que demanda la producción de leche materna.

Mamás saludables

Entre las mujeres de 35 a 55 años, el cáncer de seno es la principal y más común causa de muerte. Se estimó en 1999 que 43,300 mujeres morirían a causa de este padecimiento. Aunque los hombres tienen poco riesgo de desarrollar cáncer de senos, de acuerdo con la Sociedad Americana de Cáncer, se esperaban también 1,300 casos y 400 muertes en 1999.

Para empezar, la lactancia hace menos probable que usted desarrolle cáncer de mama. Los estudios a largo plazo muestran que los bebés alimentados con leche materna, específicamente las niñas, tienen menos probabilidades de desarrollar cáncer en el senó. El cáncer de mama cobra la vida de muchas mujeres actualmente. Los investigadores están ocupados buscando una cura. Parece que la lactancia puede ser el vínculo clave para la cura de esta enfermedad letal.

La incidencia reducida de cáncer de mama, cervical y ovárico se da cuando la mamá da pecho por cuatro o seis meses cuando menos. Esta lactancia incluye sacar leche de sus senos, por ejemplo con un tira leche. Una mamá también tiene una menor incidencia de cáncer ovárico y cervical cuando amamanta. Tenga en mente que las hormonas que se liberan con la lactancia pueden jugar un papel clave en la prevención de cáncer. La producción y secreción de leche materna también reduce la posibilidad de calcificación de leche dentro de los conductos y los senos. Se piensa que estas calcificaciones provocan depresiones o protuberancias que se encuentran en algunos casos de cáncer de mama.

Los costos del cáncer son considerables: costos económicos así como mentales y físicos. Usted no conoce los costos mentales asociados con el cáncer a menos que lo haya sufrido. Pregunte a cualquier familiar que haya experimentado esta horrible enfermedad. Si puede ayudar a reducir sus oportunidades de sufrirlo, realmente se lo recomiendo.

¿Sabía que la lactancia ayuda a controlar la pérdida de sangre asociada con el parto? Esto parece ser un beneficio integrado. Uno de los peligros del parto es la pérdida de sangre. Después de expulsar la placenta, su útero debe apretarse fuertemente sobre todos los vasos sanguíneos que estaban conectados a la placenta. Con el inicio de la lactancia, una de las hormonas clave que se liberan ocasiona que el útero se contraiga. Cada vez que da el pecho, su útero se comprime una y otra vez. Todas esas contracciones controlan la pérdida de sangre y con el tiempo reducirán el útero a su tamaño antes del embarazo.

El control de pérdida de sangre también significa la prevención de anemia. La *anemia* es una condición que surge como resultado de la pérdida de mucha sangre. Los glóbulos rojos que contienen hemoglobina llevan oxígeno a todos los lugares clave de su cuerpo. Como la pérdida de sangre disminuye su suministro de oxígeno, el cuerpo no funciona bien. Se siente cansada, sin aliento y sin energía. Imagine tratar de cuidar a su nuevo bebé sintiéndose así. Puede evitar que esto suceda ¡con la lactancia!

Una gran preocupación de todas las mujeres es deshacerse del peso que ganaron durante el embarazo. La lactancia quema muchas calorías y, a cambio, ayuda a perder este peso. Si su bebé depende de su leche materna, obviamente comerá sólo alimentos saludables. Comer bien y seguir el paso con el cuidado del nuevo bebé, además de la lactancia, ayudará a liberarse de esos kilos de más.

Otros beneficios

Muy bien, tengo algunos puntos más sobre el paquete de beneficios. La lactancia conserva en un nivel muy bajo las visitas al médico. En mis clases solía haber comentarios de que si tienes seguro, en realidad no le pagas al médico. Por el contrario, hay un pago adicional y las visitas frecuentes al médico eventualmente conducen a aumentar el costo de las primas del seguro. Si su patrón ofrece seguro de gastos médicos, le costará de alguna manera, de algún modo. Las complicaciones y enfermedades largas nos hacen a todos pagar más en primas de gastos médicos a largo plazo.

Entonces, la lactancia ayuda a mantener los costos de cuidado de la salud en un nivel mínimo. Esto incluye análisis asociados con enfermedades. Tiene menos oportunidad de hospitalización cuando goza de buena salud. La lactancia le recuerda mantenerse saludable porque su bebé depende de usted para su nutrición y bienestar.

Mientras más saludable esté, es menos probable que necesite medicamentos para curar una enfermedad. Los costos farmacéuticos pueden ser enormes, en especial cuando un padecimiento requiere medicamentos costosos. Los grandes problemas que enfrentamos hoy son bacterias resistentes a medicamentos. Éstas son bacterias que resisten cualquier tipo de medicamento disponible para curar una infección. Hagamos lo posible para evitar que esto suceda.

La lactancia ayuda a demorar su regreso a la fertilidad. Eso significa una fuente práctica de planificación familiar para usted ¡y un descanso para su matriz! Las hormonas asociadas con la lactancia ayudan a evitar que sus ovarios liberen óvulos. Esto significa que si no hay óvulo no hay embarazo. Pero tiene que recordar que es el hecho real de amamantar a un bebé lo que ocasiona la liberación de hormonas. Su regreso a la fertilidad depende de cuánto tiempo y con qué frecuencia alimente realmente a su bebé con leche materna.

El costo para usted de la leche materna es absolutamente gratis. Exacto, todo lo que tiene que hacer es producirla. Los costos asociados con un sustituto de leche materna son bastante altos. Ahorrar dinero es un beneficio que todos apreciamos. Los beneficios de no tener que comprar, preparar, almacenar y quedarse sin ella son una bendición.

Bebés saludables

Su bebé se beneficia de la leche materna en muchas maneras. La primera y más importante es el producto mismo. Aprendimos sobre los componentes de la leche materna en el capítulo anterior, que la considera como oro líquido. Contiene el equilibrio perfecto de nutrientes vitales en el momento justo. Sí, la leche materna ajusta su contenido y cantidades en niveles adecuados para cada edad. Esto significa que si su bebé nació prematuramente, la leche materna que usted produce es específica para la edad de desarrollo del infante. La leche que produce en las primeras semanas diferirá de la leche que produce a los dos o tres meses. No hay necesidad de mezclar o medir su consistencia. Es automática.

Protección

Su leche protege a su bebé contra virus y bacterias. Hay dos formas en que los virus o las bacterias pueden entrar en el cuerpo de su bebé:

➤ **Comer.** Lo que los bebés comen termina en su sistema digestivo. La leche materna brinda glóbulos blancos que refuerzan el sistema digestivo del bebé como un gran ejército luchando contra cualquier virus o bacteria.

➤ **Respirar.** La otra oportunidad de infección viene de partículas suspendidas en el aire. El aire que su bebé respira puede alojar virus y bacterias indeseables en sus pulmones. De nuevo, un ejército de glóbulos blancos refuerza el tejido de los pulmones y destruye cualquier invasor. Los bebés también reciben anticuerpos de sus mamás que les ayudan a protegerse contra enfermedades y padecimientos adicionales.

Quizá no vea estos efectos directamente, pero tener un bebé sano es un resultado que nadie puede rebatir. La leche materna ayuda a asegurar protección igual que las vacunas protegen a su bebé. Las vacunas con frecuencia son una dosis debilitada de un virus o bacteria. Al introducir una pequeña cantidad en el cuerpo del bebé, éste responde con su "ejército" de defensa. Los bebés alimentados con leche materna tienen un sistema de defensa inquebrantable que ofrece una gran protección contra enfermedades que amenazan la vida.

Bebés inteligentes

El cerebro de un bebé duplica su tamaño en el primer año de vida. Maravilloso, ¿verdad? Cuando considera que en un año su bebé puede gatear, caminar y prácticamente comer solo, es verdaderamente sorprendente. Los estudios nos muestran que un bebé alimentado con leche materna obtiene ácidos vitales que ayudan a desarrollar su cerebro así como su sistema nervioso. La leche materna ayuda a desarrollar bebés brillantes e inteligentes. Los bebés que son alimentados con leche materna son más inteligentes cuando se comparan con aquellos que recibieron sustitutos de leche materna. La lactancia mejora las habilidades de aprendizaje y desarrollo de su bebé.

La lactancia ayuda a su bebé a identificarse con usted. El valor de la identificación entre madre e hijo es invaluable. Los vínculos con los padres proporcionan amor y seguridad que crea una relación duradera desde el comienzo de la vida del bebé. Aprende a confiar en usted, se identifica con usted como la fuente de su existencia. Obtener todo esto de la lactancia es bastante sorprendente.

Los beneficios del tiempo

Existen varias organizaciones que se abocan y recomiendan un tiempo límite para la lactancia. Quizá el enunciado más firme es de la *Academia Americana de Pediatría*

(AAP por sus siglas en inglés). La AAP es un grupo colectivo de médicos que se especializan en el cuidado médico de infantes y niños, y recomienda amamantar al bebé durante su primer año de vida. Recomienda también más de un año si la mamá y su bebé así lo desean.

Otras organizaciones también hacen recomendaciones para la duración de la lactancia. La Organización Mundial de la Salud recomienda que se alimente a los infantes con leche materna exclusivamente durante cuando menos seis meses de su vida. El departamento norteamericano de la Salud y Servicios Humanos coordina la campaña Gente Sana 2010. Los objetivos de Gente Sana 2010 incluyen metas para porcentajes más altos de lactancia. Aumentar nuestros porcentajes de lactancia aquí en los Estados Unidos es una meta importante de salud pública. Las metas a lograr en porcentajes de lactancia en el año 2010 son como sigue:

➤ 75 por ciento de las mujeres lactando en la primera etapa después del parto

➤ 50 por ciento de las mujeres lactando a los seis meses

➤ 25 por ciento de las mujeres lactando al año

De manera realista, los beneficios de la lactancia se ven con el tiempo. No es algo que podrá ver con un día o una semana de lactancia. Se dará cuenta de estos beneficios sólo con un compromiso duradero. Éste será uno de los compromisos más desafiantes que haga al experimentar la maternidad. Aunque es un compromiso que proporciona recompensas más allá de sus expectativas más ambiciosas.

13

Capítulo 3

¿Verdadero o falso?

La práctica de lactancia exclusiva y extendida decayó cuando las fórmulas comerciales para bebés saturaron el mercado. Muchos padres hoy en día creen que la diferencia entre la leche materna y la fórmula es mínima. Por lo general recibo un comentario de alguien que sabe de un bebé que fue alimentado con fórmula y todo parece "estar muy bien". Bueno, muchas investigaciones y datos estadísticos muestran que la leche artificial aumenta el riesgo de enfermedad en el bebé. La leche artificial carece de los nutrientes inmunológicos y equilibrados que contiene la leche humana. Permítame darle algunas cosas a considerar sobre la sustitución de la leche materna con algo artificial.

Leer la etiqueta del producto

La publicidad de un fabricante puede decir que el sustituto de leche materna es igual a la original, pero no es así. La verdad es que la leche de fórmula nunca podrá duplicar a la leche humana. A pesar de todos los intentos, las células vivientes, las hormonas, las enzimas y los anticuerpos que contiene la leche humana no pueden imitarse. Punto.

Los ingredientes que contienen las fórmulas para bebé se basan en leche de vaca, soya o proteína obtenida de la carne. Si lee la etiqueta puede descubrir algo alarmante. Encontrará ingredientes como proteína de suero; aceites de palma, coco y cártamo; maltodextrina; lecitina de soya; inositol; clorhidrato de piridoxina; biotina, y muchos más. La leche de vaca y los frijoles de soya se eligen como ingredientes proteínicos debido a su bajo costo y abundancia cuando se trata de producción masiva. Los ingredientes artificiales por lo general son los causantes de alergias. Un alergeno es una sustancia que ocasiona una respuesta alérgica. Cuando se trata de bebés, la proteína de la leche de vaca es un alergeno común. Como ve, el cuerpo humano sabe qué es verdadero y qué es falso.

Los consumidores pasan muchos trabajos para obtener información fidedigna sobre leche de fórmula para bebé. Lo único en que puede confiar es en la publicidad del fabricante, así como en qué dice la comunidad médica. Los proveedores del cuidado de la salud sin saberlo distribuyen muestras gratuitas de fórmula e información impresa en el consultorio de su médico y en hospitales. Puede parecer material educativo pero de hecho es publicidad directa del fabricante. Si se suscribe a una revista de bebés en su clase de parto, para cuando su bebé haya nacido habrá una caja de fórmula en la puerta de su casa. Las tiendas departamentales comparten o venden sus listas de registro a fabricantes de fórmula. No puede evitar pensar que la leche materna y la de fórmula son de algún modo iguales.

Cantidades y contenido diversos

Aunque la leche sea de fórmula, en realidad no hay una "fórmula" para la fórmula. Cada marca de este producto sintético varía en gran medida de una a otra. Algunas marcas tienen más de un nutriente y menos de otro. Otras marcas no proporcionan las cantidades adecuadas de nutrientes vitales. Y lo que es peor, algunas marcas omiten ingredientes vitales y esenciales.

Un ingrediente que falta en las fórmulas fabricadas y distribuidas en los Estados Unidos es el *ácido docosahexaenóico* (DHA por sus siglas en inglés). Éste es el ácido principal que se encuentra en la materia cerebral y en la retina del ojo. Es vital para el desarrollo normal del cerebro y de los ojos. El DHA se encuentra en forma natural en la leche materna. Durante el embarazo, su bebé recibe DHA por medio de su placenta y luego a través de la leche materna después del nacimiento. Las pruebas indican que, debido al DHA, los bebés alimentados con leche materna tienen coeficientes intelectuales y desarrollo visual más altos que los alimentados con leche de fórmula.

En 1981 la Organización Mundial de la Salud aprobó un código internacional para comercializar sustitutos de leche materna. Pasó por una votación de 118 a 1. El único país que votó en contra del código fue Estados Unidos. Este código proporciona una práctica de mercadotecnia recomendada para la venta de la fórmula artificial y prohíbe la publicidad directa a consumidores por parte de los fabricantes.

Equipo necesario para preparar leche de fórmula

Tenga en mente que la leche de fórmula se empaca de diversas maneras. Existe la variedad lista para usarse, el concentrado y en polvo. La lista para usarse ya está preparada y su compra puede ser costosa. El polvo y el concentrado requieren que se les agregue agua. Sus medidas deben ser exactas. El agua debe ser limpia y fresca, libre de bacterias y elementos contaminantes. El agua debe estar hervida para asegurar higiene y seguridad.

Necesita provisiones para preparar, almacenar y ofrecer la fórmula. Esto significa una cierta cantidad de botellas de plástico, de vidrio o desechables. La mayoría de las botellas usan un chupón de hule o silicón para el fluido de líquidos, que también deberá comprar. Hay artefactos para limpiar, secar o almacenar sus provisiones. Debe refrigerar la leche de fórmula después de prepararla o abrirla. Ésta tiene que manejarse y almacenarse con cuidado ya que cualquier bacteria contaminante puede multiplicarse rápidamente.

Comprar y preparar la fórmula lleva tiempo. La fórmula preparada de polvo o concentrado debe usarse dentro de las 24 horas siguientes. Así, gastará dinero sólo para hervir, refrigerar, almacenar, calentar, dar y limpiar todos los días. ¿A quién le gusta hacer todo esto día tras día?

Riesgos de los sustitutos

Las fórmulas para bebé aumentan el riesgo de mala salud entre infantes. Un producto alimenticio artificial carece de factores inmunológicos y otros promotores de la salud que se encuentran en la leche materna. A los bebés que se alimentan con leche de fórmula se les niega el beneficio de la "autoinmunización", gracias a la cual el pecho produce anticuerpos a los cuales el infante está expuesto. La inmunidad pasiva o automática, pasa de la madre a su bebé en la leche materna. Los bebés que se alimentan con fórmula no obtienen este beneficio. Con frecuencia se asocian los desórdenes del sistema inmunológico con la fórmula debido a la falta de estimulación.

Las fórmulas para bebé no aumentan la respuesta inmune del cuerpo a las vacunas. Éstas funcionan mejor en infantes amamantados porque los glóbulos blancos de la leche materna responden a exposiciones virales o bacterianas. Las fórmulas manufacturadas no promueven la respuesta inmune del cuerpo a las vacunas.

Es más probable que los bebés alimentados con leche de fórmula sufran de infecciones gastrointestinales y diarrea. Pueden padecer meningitis y tienen un alto riesgo de infecciones respiratorias. Los infantes alimentados con leche de vaca están más expuestos a tener eccema y otras alergias debido a que su proteína es, con frecuencia, un alergeno. Parece que la alimentación con fórmula aumenta el riesgo de síndrome de muerte de cuna. Un estudio epidemiológico de 1988, realizado por el Instituto Nacional de la Salud Infantil y Desarrollo Humano, mostró que menos de 10 por ciento de los casos de muerte de cuna fueron bebés amamantados, mientras que aproximadamente 25 por ciento fueron grupos de control, de bebés no amamantados.

Más allá de la infancia, los efectos de la alimentación con leche de fórmula pueden aumentar el riesgo del niño a desarrollar diabetes dependiente de insulina, linfoma y enfermedades de la cavidad abdominal.

Los adultos con enfermedades intestinales, como el mal de Crohn o colitis ulcerada, tienen en común la alimentación con leche de fórmula.

La alimentación con leche de fórmula afecta la salud de la madre. El riesgo de osteoporosis, cáncer de mama y cáncer de ovario es mayor en las mamás que eligieron no amamantar. Una madre también se pierde los efectos anticonceptivos que ofrece la lactancia.

Costos de la leche artificial

Los costos para cada familia, la comunidad y el país como un todo se ven afectados por el consumo de fórmulas para bebé. Todos resienten estos costos directa o indirectamente.

Las familias con ingresos limitados comen en forma más modesta debido al costo de comprar leche de fórmula. Los padres que trabajan deben absorber los costos de las enfermedades de su bebé. Tiempo fuera del trabajo, visitas al médico, comprar y dar medicamentos, así como noches sin dormir por un bebé enfermo, todo se suma a los padres que eligen no hacer uso de la lactancia natural.

Las enfermedades de infantes requieren cuidado de la salud y eso nos cuesta a todos. Hace cinco años, un estudio de la organización para el mantenimiento de la salud de Kaiser Permanente en los Estados Unidos encontró que los costos del cuidado de la salud para bebés alimentados con leche de fórmula son más altos que los de los bebés alimentados con leche materna. Hospitalizaciones, honorarios médicos, medicamentos y tratamientos para el cuidado de la salud, todos cuestan dinero. Las enfermedades eventualmente conducen a costos del cuidado de la salud y como resultado todos pagamos más.

Capítulo 4

Busque a los profesionales

Cuando necesitamos a alguien con experiencia o ayuda para dominar una nueva habilidad que estamos aprendiendo, con frecuencia acudimos a un profesional. Así es, alguien que profese más conocimientos y experiencia que los que nosotros tenemos. Cuando se trata de lactancia, conseguir ayuda y consejos profesionales puede ser vital para su éxito. También es importante obtener al profesional adecuado. ¿Por qué? Bueno, un profesional del cuidado de la salud puede ser su mejor fuente de ayuda y manejo porque la lactancia afecta la salud, la nutrición y el bienestar de usted y de su bebé.

Recuerde que hoy en día, no todo proveedor del cuidado de la salud ostenta maestría en lactancia. Entender y saber quién es quién en el sistema del cuidado de la salud, y quién hace qué, será útil en su búsqueda de los profesionales adecuados. Le explicaré los diferentes tipos de profesionales del cuidado de la salud que pueden tener servicios disponibles sobre la lactancia.

Es mejor localizar y conocer a sus asesores profesionales con bastante anticipación a su fecha probable de parto. El segundo trimestre de su embarazo ofrece tiempo suficiente para hacer esto. Sabrá cómo y cuándo localizarlos y se sentirá más cómoda con ellos si llegara a necesitar sus servicios.

Proveedores con licencia para el cuidado de la salud

Si recibe atención prenatal de un proveedor con licencia para el cuidado de la salud será sencillo preguntar sobre la disponibilidad de ayuda en la lactancia. Su médico puede ayudarle a adquirir las habilidades necesarias así como proporcionarle la información para apoyarle en la lactancia de su bebé. Quiero que esté consciente de que la lactancia humana es uno de los temas que recibe poca atención en muchos escenarios médicos y de enfermería. Por lo tanto, los médicos, las enfermeras, los dietistas y los terapeutas que poseen las habilidades para el manejo adecuado de la lactancia con frecuencia lo han aprendido únicamente de cursos adicionales a sus estudios. Pueden tener experiencia personal en lactancia o pueden haber tenido clientes dentro de su práctica con necesidad de ayuda en lactancia.

Los proveedores con licencia para el cuidado de la salud pueden incluir la evaluación y el manejo de la lactancia entre sus servicios profesionales. Veamos los siguientes profesionales y por qué pueden ser fuentes para servicios de manejo de la lactancia.

Médicos

Un médico es una persona con habilidades en el arte de sanar: un doctor en medicina. El médico cursa cuatro años de estudios profesionales, otros cuatro años en la escuela de medicina y de tres a siete más de capacitación en una especialidad médica. Los doctores que se especializan en el cuidado de la salud de la mujer y los infantes incluyen los siguientes:

➤ Ginecobstetra

➤ Médico familiar

➤ Pediatra

➤ Neonatólogo

Ginecobstetra

Su ginecobstetra es responsable de su salud durante el embarazo, así como de la salud femenina reproductora cuando no está embarazada. Como la lactancia reduce el riesgo de cáncer de mama para las madres y las hijas, los obstetras recomiendan que sus pacientes elijan la lactancia natural. Un obstetra cuida de usted durante el embarazo, el parto y los días siguientes al nacimiento de su bebé. El consultorio de su obstetra puede ofrecer clases sobre lactancia. Asegúrese de preguntar por la ayuda o el seguimiento que pueda estar disponible después de dar a luz a su bebé.

Médico familiar

Un doctor que está capacitado en diversas áreas generales de la medicina y proporciona cuidado de la salud es un médico familiar. Desea la salud óptima de la madre, del padre y del bebé. La lactancia impacta la salud de toda la familia, y los médicos familiares lo saben. Un médico familiar cuidará de usted y de su bebé mientras dure la lactancia. Algunos padres encuentran que prefieren este tipo de atención.

Pediatras

Los pediatras son médicos especializados en el cuidado de la salud, el desarrollo y las enfermedades de bebés y niños. Quieren que usted dé a su bebé la elección más saludable de nutrición, y promueven firmemente la lactancia. Con la recomendación de la Academia Americana de Pediatría de que la lactancia continúe cuando menos hasta los 12 meses, los pediatras están haciendo grandes esfuerzos para apoyar y alentar este resultado. Pregunte a su pediatra qué porcentaje de sus pacientes alimentan con leche materna a sus bebés.

Neonatólogos

Los médicos que se especializan en el cuidado y las enfermedades de recién nacidos prematuros y hospitalizados se llaman neonatólogos. Por lo general, practican en un área del hospital llamada Unidad de Terapia Intensiva del Recién Nacido. Los neonatólogos también son sólidos partidarios de la lactancia debido a las propiedades medicinales y curativas de la leche materna. Como la leche que produce una madre es específica para la edad de desarrollo de su bebé, los neonatólogos aconsejan a las mamás de bebés prematuros recolectar su propia leche.

Enfermeras

Una enfermera está capacitada para cuidar a los enfermos y lesionados. Las enfermeras que proporcionan cuidado de la salud pueden ofrecer educación, información y actualización respecto a la salud de la mujer y del infante. Cualquier enfermera puede contar cuántas veces le han hecho preguntas sobre el cuidado de la salud porque es "¡enfermera!" Las enfermeras dedican la mayor parte de su tiempo con el paciente observando, registrando, escuchando y brindando atención.

Una *enfermera registrada* es miembro del equipo de cuidado de la salud con una licencia para proporcionar atención bajo la dirección de un médico. Una enfermera registrada no puede diagnosticar, ordenar o recetar un tratamiento. Trabaja en conjunto con un médico cuando se necesita un procedimiento o tratamiento para su lactancia. Su presencia en el consultorio de su médico puede ayudarle a localizar ayuda en la lactancia. Es posible que su educador de parto pueda ser la enfermera registrada profesional que usted está buscando.

Un proveedor de cuidado de la salud educado en enfermería y partos en general es una partera certificada. Una partera ofrece a la mujer ayuda útil durante el parto y cuidado prenatal para la mujer con embarazos de bajo riesgo. Un médico, un hospital o un centro de obstetricia emplea parteras profesionales. Algunas pueden atender su parto en casa. Así como la partera la cuida durante el embarazo y el parto, ella misma puede ayudarle a iniciar su lactancia. Una partera deberá incluir información sobre lactancia en su educación prenatal, pero no está mal preguntar por clases y servicios de seguimiento.

Una enfermera con maestría y capacitación adicional relacionada con las ciencias de la salud es una enfermera practicante que puede especializarse en la salud de la mujer, en pediatría o en salud familiar.

Dietistas y terapeutas

Un dietista se enfoca en la ciencia y el estudio de los valores de los alimentos y sus efectos sobre la salud. Si tiene licencia es un dietista registrado. Como la leche materna es el alimento óptimo e impacta positivamente la salud de su bebé, la Asociación Americana de Dietas apoya la alimentación exclusiva con leche materna durante 4 o 6 meses y la leche materna junto con otro tipo de alimentos durante cuando menos 12 meses.

Los *terapeutas* forman parte de una rama de la medicina que se encarga del tratamiento y la cura de enfermedades. Los terapeutas físicos y ocupacionales pueden proporcionar ayuda en la lactancia para mujeres e infantes, entre sus servicios terapéuticos. Verifique con su clínica si tienen alguno disponible.

Liga de apoyo

Cuando buscamos el significado de apoyo encontramos las siguientes descripciones: soportar el peso de; respaldar, sostener, promover o mantener. ¿Por qué habría de necesitar apoyo durante la lactancia? Habrá ocasiones en que sienta que es la única persona en el mundo emprendiendo esta nueva aventura. Habrá veces en que se cuestione su elección de alimentar a su bebé con leche materna. Son las 3:23 de la mañana y se pregunta "¿qué estoy haciendo aquí?" Quizá nadie más en su familia lo ha hecho y siente que está sola. Puede incluso recibir comentarios negativos y poco amables sobre su lactancia. Su suegra comenta "eso no lo hacíamos cuando yo tuve a mis bebés".

Justo cuando le pasa por la mente que debería tirar la toalla, en realidad necesita la ayuda y el consejo de alguien. No hay mejor recurso que el del apoyo.

En el frente del hogar

Consideremos primero lo que puede encontrar en su propio hogar. Sí, en casa, donde se siente más cómoda y puede ser usted misma. ¿Qué hay del padre del bebé? El papá tiene un papel importante en apoyar su decisión de dar el pecho a su bebé. Él puede, de hecho, ser quien decida que su bebé se alimente con leche materna. Después de todo, ¡tiene que tomar parte en la paternidad! Tal vez creció en un hogar donde la lactancia era el estilo de vida cotidiano para alimentar a los infantes. El papá del bebé tiene todo el derecho de elegir la leche humana, aunque él no pueda en realidad producirla.

El padre puede ser su esposo legal, su compañero o una persona especial. Quiero ser justa al describir las diversas relaciones potenciales en la sociedad actual. Como pareja deben elegir el método de alimentación para su bebé con el cual ambos se sientan cómodos. Si tienen opiniones diferentes, entonces definitivamente deben buscar información externa y consejos que les ayuden a tomar una decisión informada. Podrían acudir a uno de los asesores profesionales que abordamos en el capítulo anterior.

Su apoyo en el hogar debe ser capaz de escuchar y ofrecer palabras de aliento. Deberá ayudar a buscar otros recursos cuando sea necesario. No sienta que tiene que llevar el peso de esta decisión por sí sola. Discuta con su compañero la importancia de la lactancia y lo que significa para usted. Decida con anticipación cuánto necesita escuchar y discutir antes de que sea necesario acudir a un contacto profesional. Informe a su compañero de quiénes son y dónde se encuentran sus asesores profesionales en caso de que éste necesite ponerse en contacto con ellos. Si es posible, pida a su compañero que conozca desde antes a dichos profesionales.

Lo importante aquí es no tener que tomar una decisión sola. Está en esto junto con el padre del bebé y él debe ser capaz de ayudar a tomar algunas decisiones. La comunicación es la clave para su éxito aquí. No tema discutir, compartir y expresar sus sentimientos y preocupaciones con su ser querido. La persona más cercana a usted durante este importante evento en la vida deberá ser su primera opción de apoyo.

Antes hice el comentario de que esto es un compromiso. Su cónyuge o persona importante deberá estar preparado para apoyarla todo el tiempo que estará comprometida con esta elección. Recuerde que la Academia Americana de Pediatría aconseja que se alimente al infante con leche materna durante su primer año de vida. También recuerde que otras fuentes indican que vemos beneficios en la salud a partir de por lo menos seis meses de lactancia activa. Esto significa que se comprometerá por un periodo de entre 6 y 12 meses. Es importante discutir y definir sus metas de lactancia con suficiente anticipación al parto.

Otro punto importante de discusión con su apoyo "en el frente del hogar" es el efecto que tendrá la lactancia en su vida sexual. Todo papá y mamá nuevos, sin importar el método de alimentación, por lo general encuentran que las prioridades de la paternidad colocan al sexo hasta abajo de la lista. Las hormonas involucradas en la producción y secreción de leche también afectan su libido. El efecto resultante es un decremento en su deseo sexual, lo cual también sirve como un método de planificación familiar. Agregue a eso los patrones alterados de sueño y el tiempo que dedica al cuidado del recién nacido, y su energía y oportunidades de sexo se minimizan.

Familia y amigos

Cualquier persona que considere familiar, ya sea parientes consanguíneos o no, deberán ser los siguientes en la fila de fuentes de apoyo. Considere a su hermana, su madre o un pariente con quien se sienta cercana. Estén en el frente del hogar o no, necesita poder comunicarse con ellos tan frecuente como sea necesario. Esta fuente de apoyo puede ser adicional a la que recibe de su compañero.

Es importante considerar a los familiares que puedan haber tenido experiencia previa en lactancia y que haya sido positiva. El peor caso es un pariente que en forma consistente y constante la bombardea con mala información y comentarios negativos. Unos cuantos comentarios negativos sobre la lactancia pueden minar todos los esfuerzos de educación e información que ha reunido con el tiempo. Y si llegan en un momento vulnerable, empezará a tener dudas. Entonces, después de escucharlo por cuarta vez, sucumbe ante su sugerencia porque sólo durmió cuatro horas la noche anterior.

Busque miembros de la familia que tengan una visión positiva, que estén abiertos a nueva información y que respeten su decisión de lactancia. De otro modo, amablemente agradézcales y diga que tiene otros recursos en la mente. Decir "no" puede ser lo más difícil que diga a un familiar, pero recuerde que es con el mejor interés de apoyar su decisión de dar leche materna a su bebé.

Los amigos son otro gran recurso de apoyo, en especial si son como familia. Alguien con quien creció o que ha sido muy cercano desde la universidad puede ser justo la fuente de apoyo que está buscando. Creo que los amigos pueden ser honestos con usted cuando no cuenta con su familia. Puede ser más sencillo confiar en una amiga si su familia tiende a ser un poco intimidante. Una amiga deberá aceptar sus comentarios honestos y sinceros, y respetar sus decisiones. Eso es lo maravilloso de la amistad.

De nuevo, encuentre una amiga que haya tenido éxito en la lactancia, o tal vez alguien que no tenga esa experiencia pero que estará a su lado bajo cualquier circunstancia. Tendrá comentarios positivos y divertidos sobre este nuevo estilo de vida. Se reirá con las historias de "no te imaginas cómo crecen" y encontrará confort en el hecho de que otra persona haya "estado ahí" y haya "hecho lo mismo".

¿Qué es una doula?

Una fuente de apoyo que surge hoy, durante el parto y en los primeros días siguientes, es la *doula*. Literalmente significa alguien que apoya durante el parto. Una doula fomenta y protege su decisión de dar a luz, así como su decisión de dar leche materna a su bebé.

Las doulas trabajan con experiencias de partos en el hogar, hospitales y centros obstétricos. Proporcionan apoyo emocional, físico y de información. A menudo contratan sus servicios; es decir, usted arregla un acuerdo privado para recibir apoyo en el parto y la lactancia de este tipo de proveedor.

Cada vez más mujeres eligen los servicios de doulas durante el trabajo de parto a medida que las enfermeras de obstetricia tienen tantas asignaciones de pacientes que no pueden ofrecer la atención especializada que pudiera necesitar. Pida referencias a sus amigas, a su instructor de parto o a su médico sobre estas asistentes de parto si es que le interesa. Los seguros con pago a terceros pueden cubrir el costo de apoyo en labor y ayuda en los primeros días después del parto.

Grupos de apoyo para mamás

La Liga Internacional de la Leche es una organización pública que se formó a principios de los años setenta en los Estados Unidos. Esta organización altruista comparte una misión de lactancia global para toda madre y bebé. Sus miembros proporcionan apoyo, información y aliento a mujeres que desean alimentar a sus hijos con leche materna. La liga tiene representaciones en todo el mundo. Celebran reuniones en diferentes localidades y las dirigen líderes calificados para ayudar y apoyar los esfuerzos de lactancia de la mujer. Se sugiere que las mamás que planean tomar esta decisión asistan a las reuniones, donde pueden alimentar a sus bebés con leche materna y hacer preguntas sobre el tema.

Grupos de apoyo a nuevas mamás

Un buen lugar para apoyar la lactancia es su hospital local o centro obstétrico. Pregunte sobre un grupo de nuevas mamás que pueden enfocarse en dar apoyo e información sobre la lactancia. Su iglesia o sinagoga local también tiene un grupo de mamás que celebran reuniones; asegúrese de preguntar por todos estos lugares.

También es posible que forme su propio grupo de apoyo a la lactancia, reuniendo amigas o familiares que comparten esta necesidad e interés común. Un número pequeño de tres o cuatro mamás funciona mejor. Es útil incluir alguien que haya pasado por esta experiencia previamente. Una vez un grupo de mamás me contrató para proporcionarles consultoría e información sobre la lactancia de sus infantes. Contratar a un consultor en lactancia o a un profesional del cuidado de la salud para que dé información e instrucciones en un grupo, es una alternativa creativa para aportar apoyo a su localidad.

Capítulo 6

Herramientas del oficio

Crecí escuchando a mi padre decir una y otra vez que hay que tener a mano la herramienta adecuada para la tarea. Hace la vida más sencilla y te satisface a largo plazo. Cuando se trata de la lactancia, probablemente se pregunte cuáles "herramientas" hay que puedan hacer su vida más sencilla o la hagan estar más satisfecha. Si ha hojeado cualquier catálogo de bebés tal vez ya sabe lo que hay disponible, y la elección es agobiante.

He elegido las herramientas que siento pueden ser vitales para su experiencia de lactancia y se las voy a explicar. Con los avances tecnológicos actuales, encontrar la información adecuada para hacer una elección puede ser un reto. Es importante conocer con anticipación lo que hay que elegir y de lo que hay que alejarse. En esta época, el producto o equipo correcto puede hacer de su experiencia de lactancia un éxito o un fracaso.

Sostenes para los senos

Ya hablé sobre la importancia de un buen apoyo durante la lactancia, y su sostén debe ser uno de sus mejores apoyos. Durante y después del embarazo el tamaño de sus senos cambia en forma considerable. Se vuelven más grandes, más pesados y más sensibles porque las hormonas influencian el crecimiento de tejidos. La sensibilidad de los senos puede ser uno de los primeros indicios de que está embarazada. Recuerde que la glándula mamaria aumenta durante el embarazo en preparación a la producción de leche. Agregue a esto mayor suministro de sangre y retención de líquidos, y tendrá senos más llenos, más grandes y más pesados.

Lo que esto significa en relación con su sostén es: la talla por lo general aumenta y necesitará comprar nuevos. Un sostén para maternidad y lactancia es diferente que uno de uso diario. Esta clase de sostén brinda mayor soporte, con bandas más anchas, tirantes, copas más llenas y más tela. Un sostén para lactancia le ofrece acceso conveniente y fácil a sus senos y ajuste de las copas que permiten el crecimiento de los senos. Es muy útil un sostén que le permite abrir la copa con una mano mientras sostiene al bebé con la otra.

Busque un sostén hecho totalmente de algodón. Las cualidades del algodón lo hacen la mejor tela para usar contra su piel durante el embarazo y la lactancia. Las hormonas del embarazo afectan el termostato de su cuerpo que resulta en "oleadas" que la hacen sentir mucho calor y sudorosa.

Los sostenes hechos de material sintético, como el poliéster, provocan humedad contra la piel. La humedad contribuye a la irritación de los pezones y la piel. Un sostén de algodón tejido se lava y se usa mejor que uno de algodón entretejido. Aléjese de los adornos decorativos que pueden causar comezón e irritación en la piel.

Cualquier sostén con cierre en la espalda debe tener varios "ganchos" para que pueda ajustarlo conforme sea necesario. Busque tirantes anchos, acojinados y firmes para comodidad de los hombros. Considere un sostén para lactancia con estilo deportivo, de los que se meten por la cabeza. Bravado Designs, un fabricante canadiense, hace un sostén para lactancia muy cómodo en varios colores. Este estilo de sostén puede ser de gran soporte y proporcionar apoyo firme a la espalda. ¡Su postura merece toda la ayuda que pueda darle!

Busque y use un sostén bien diseñado con copas suaves durante todo el último trimestre del embarazo y los primeros tres meses de lactancia. Exacto, ¡sin varillas!

Sostén con apoyo para la espalda.

(Fuente: Bravado! Designs, Inc.)

Un sostén con varillas no es flexible y no se adecua a los cambios que experimenta en los senos, especialmente en el tamaño de la copa. Estos sostenes a menudo se vuelven incómodos. La presión de la varilla puede inhibir el vaciado adecuado de las glándulas mamarias y el flujo apropiado de la linfa por los tejidos del pecho. Cuando aumenta el volumen de leche, igual aumenta la talla de su sostén. La varilla en la copa del sostén no se expandirá cuando los senos estén llenos de leche. Un sostén con copas suaves puede aguantar el aumento de tamaño.

Incluso me han preguntado muchas veces "cuándo" es el mejor momento para comprar un sostén de lactancia. Si experimenta cambios en el tamaño de los senos en las primeras etapas del embarazo, entonces compre pronto un sostén nuevo. No sufra todo el embarazo porque está esperando a estar más cerca del parto para comprar un sostén. Lo importante es elegir el que le acomode bien desde el principio del embarazo, sabiendo que quizá tendrá que comprar una talla más grande si lo necesita. Al principio del tercer trimestre del embarazo puede ser un buen momento para ir de compras. Debe ser generosa en el tamaño si lo compra muy al principio. El tamaño de los senos aumentará cuando "llegue" la leche.

Es mejor medir correctamente el tamaño del sostén y la talla de la copa. Actualmente, siete de cada 10 mujeres no usan la talla adecuada de sostén. Las medidas comunes le dan la talla de la prenda. La medida justo abajo del pecho, alrededor de las costillas, ayuda a determinar la talla de la espalda. Las tallas de la espalda son números pares; si mide un número non compre la talla inmediata superior. La medida alrededor de la parte más llena de los senos, justo en la línea del pezón, ayuda a determinar la talla de la copa. Las tallas de las copas tienen letras asignadas que corresponden a la diferencia entre las dos medidas tomadas. Una diferencia de una pulgada o 2.5 centímetros es copa A, la diferencia de dos pulgadas o 5 centímetros es copa B y así sucesivamente. Consulte la ilustración de la página siguiente y las instrucciones que se detallan a continuación para determinar su talla de sostén.

Para este propósito, tome las siguientes medidas mientras usa un sostén sin almohadillas y que le quede bien: con la cinta métrica, mida alrededor de su cuerpo justo debajo de los senos. Aumente 3 pulgadas (7.5 centímetros) si su medida es 32 pulgadas (80 centímetros) o más. Aumente 5 pulgadas (12.5 centímetros) a este número si su medida es 31 pulgadas (77.5 centímetros) o menos. Ésa es su talla de sostén. Las espaldas se miden como números pares, así que redondee el número al inmediato superior si su medida es un número non.

Ejemplo: 37" (92.5 cm.) + 3" (7.5 cm.) = 40" (100 cm.) o talla 40

Ejemplo: 28" (70 cm.) + 5" (12.5 cm.) = 33" (82.5 cm.) o talla 34

Mida alrededor del cuerpo sobre los pezones en la parte más llena de sus senos. Reste su talla de espalda de este número para determinar la talla de la copa.

Ejemplo: 45" (112.5 cm.) – 40" (100 cm.) = 5" (12.5 cm.) o talla de sostén 40E

Ejemplo: 36" (90 cm.) – 33" (82.5 cm.) = 3" (7.5 cm.) o talla de sostén 34C

La medida de la copa corresponde al número 1; la medida alrededor del busto corresponde al número 2.

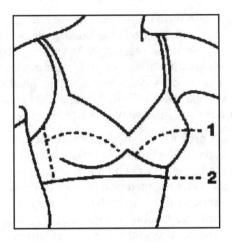

Diferencia	Talla de la copa
Hasta 1" (2.5 cm.)	A
Hasta 2" (5 cm.)	B
Hasta 3" (7.5 cm.)	C
Hasta 4" (10 cm.)	D
Hasta 5" (12.5 cm.)	E (DD)
Hasta 6" (15 cm.)	F (DDD)
Hasta 7" (17.5 cm.)	G
Hasta 8" (20 cm.)	H
Hasta 9" (22.5 cm.)	I
Hasta 10" (25 cm.)	J

Protectores para los senos

También llamados copas, los protectores para senos tienen usos diversos. Pueden usarse para corregir los pezones invertidos, proteger los pezones lastimados, aliviar el congestionamiento y recolectar el goteo de leche entre comidas. El protector está diseñado en forma de una copa de plástico con un orificio en el centro que permite que el pezón sobresalga a través de la abertura. Tiene forma de copa y es cóncavo para ajustarse a la forma de sus senos. El orificio se ajusta bien a los pezones de tamaño promedio y ejerce presión sobre la areola en la base del pezón. La parte del frente y la de atrás están separadas para vaciado y limpieza.

*Los protectores ayudan
y dan forma al pezón.*

(Fuente: Hollister, Inc.)

Los orificios en el protector permiten la circulación de aire y ayudan a igualar la presión.

Si tiene pezones planos o invertidos puede usar protectores para senos durante su embarazo con el fin de mejorar la elasticidad del pezón. La abertura circular del protector en la parte trasera se centra sobre su seno, permitiendo que el pezón salga a través de este centro. El sostén mantiene el protector en su lugar. Empiece por usar los protectores algunas horas cada día y luego gradualmente aumente el uso de 8 a 10 horas diarias.

Su médico, proveedor del cuidado de la salud o consultor deberá ayudarle a evaluar la elasticidad de sus pezones y asegurarse de que no hay contraindicaciones para usarlos. Si tiene riesgo de parto prematuro, ha experimentado contracciones uterinas o tiene un embarazo de alto riesgo, por lo general se contraindica el uso de protectores.

Muchas mamás que tienen pezones planos o invertidos pueden amamantar con éxito sin usar protectores antes del parto. La succión de su bebé puede ser lo suficientemente fuerte para hacer salir el pezón plano o invertido con alimentación repetida. Algunas mamás se sienten cómodas recurriendo a la opción de "esperar y ver qué pasa".

Los protectores para senos pueden ser salvavidas después del parto para proteger los pezones de ardor, sensibilidad o para evitar grietas y sangrado. Si llegara a tener grietas en los pezones hágase revisar por un médico de inmediato. La evaluación puede también ser un salvavidas.

En los primeros días de la lactancia cuando sus pezones pueden estar sensibles, los protectores evitan que la ropa toque su piel. También permiten la circulación de aire y el uso de ungüentos o pomadas suavizantes para mantener los pezones sanos. Algunas mujeres usan protectores de pezones para recolectar la leche que gotea entre comidas y para mantener en su lugar las almohadillas de los senos.

Almohadillas para los senos

Quizá experimente o no goteo de leche durante la lactancia. Si es así, perfecto. Si no, también está bien. El hecho de que no gotee leche no significa que no produce suficiente. Relájese, segura de que con o sin goteo puede producir leche materna.

Almohadillas Ameda®
para senos, reutilizables.

(Fuente: Hollister, Inc.)

El propósito de las almohadillas es absorber la leche que pudiera gotear de sus senos. Puede tener algo de secreción de leche antes del parto, mientras duerme periodos largos durante la noche y entre comidas. Los tipos de almohadillas disponibles son lavables, reutilizables y desechables.

Las almohadillas lavables y reutilizables están hechas de tela. Por lo general, son varias capas gruesas con por lo menos una capa de tela absorbente como algodón, fieltro o franela. Busque una tela absorbente y trate de evitar cualquier almohadilla con capas de plástico. Las almohadillas con una barrera de plástico que no deja pasar la humedad pueden ocasionar irritación en los pezones, especialmente si la almohadilla no se cambia con frecuencia.

Almohadillas para senos superabsorbentes y lavables con orillas que no dejan pasar la humedad.

(Fuente: Bravado! Designs, Inc.)

Igual que un pañal desechable, las almohadillas desechables pueden desecharse cuando se mojan y se saturan. La mayoría de estas almohadillas están hechas de celulosa o papel, y por lo general tienen una barrera plástica contra la humedad.

Antes de comprar almohadillas para los senos, considere lo siguiente:

➤ **Tamaño.** ¿El diámetro de la almohadilla va a cubrir su seno?

➤ **Forma.** Si es tela, ¿tiene costuras planas o una pinza de contorno? Las mujeres con senos grandes pueden preferir una almohadilla plana. La almohadilla con contorno puede quedar mejor en mujeres de senos pequeños. Algunas almohadillas desechables están diseñadas para acoplarse alrededor del seno.

➤ **Cantidad.** Durante su primer mes de lactancia puede usar de cuatro a seis almohadillas al día. Esto, incluso, puede ayudarle a decidir entre las reutilizables o las desechables.

Lanolina

El ungüento número uno para pezones irritados o agrietados es la lanolina. Se extrae de la lana de las ovejas y es un emoliente que ayuda a restaurar la humedad y a sanar la piel. Elija una lanolina que haya sido purificada. No hay peligro de que su bebé la ingiera y no necesita limpiarse antes de alimentarlo. La lanolina pura es muy pegajosa y se aplica mejor cuando está "tibia". Tome una pequeña cantidad entre los dedos y frótela un poco para calentarla. Aplíquela sobre los pezones y el tejido de la areola.

Su uso es seguro durante el embarazo si la piel alrededor de los pezones o las areolas está seca y causa comezón. Asegúrese de limpiar los senos sólo con agua si esto ocurre. El jabón puede resecar la piel y quitar los aceites naturales que secretan sus glándulas.

Tira leche

Los tira leche se han usado como ayuda para la extracción de leche materna desde 1800. A principios de la década de los setenta las mujeres empezaron a regresar al trabajo. Al enfrentarse con la necesidad de recolectar leche mientras estaban lejos de sus bebés, abrieron un mercado para los tira leche que les ayudó a recolectar su leche materna.

Primer tira leche eléctrico de pistón del doctor Einar Egnell, el SMB.

(Fuente: Hollister, Inc.)

Revisemos la actividad involucrada con la succión del bebé como se relaciona directamente con la función de un tira leche. Cuando un bebé se alimenta del pecho, hace una especie de sello alrededor del seno con sus labios y la quijada ayuda a soportar el seno dentro de la boca. Se desarrolla una presión negativa dentro de la boca cuando el bebé empieza la acción de succionar. La lengua da masaje u "ordeña" el seno y crea la estimulación necesaria para la producción de leche. En respuesta a esta succión y estimulación, la leche empieza a fluir y continúa así mientras sigue la succión. Por lo tanto, el bebé determina la cantidad de leche que se produce, dependiendo de qué tan bien se estimule y se vacíe el pecho. La frecuencia de succión y el vaciado efectivo de leche determina la cantidad de producción de leche.

Un tira leche debe tener la capacidad de crear una acción de succión y de masaje que sea muy parecida a la del bebé. La succión del tira leche debe empezar el flujo de leche y vaciar los conductos. La succión o la presión negativa que crea el tira leche debe ser igual a la succión que usa un bebé mientras se alimenta del pecho. El bebé usa la lengua para dar masaje o jalar leche del seno para facilitar la liberación del líquido. Las repeticiones de la lengua al dar masaje al seno se conocen como ciclos. Un tira leche debe aplicar presión negativa en ciclos al seno para la recolección eficaz y efectiva de leche.

La cantidad de succión o presión negativa que un tira leche crea es el siguiente punto importante a considerar. En su investigación durante los años cincuenta, Einar Egnell, un médico sueco, estudió varios métodos para sacar leche de los senos humanos. Él sabía que la mujer podía manual o mecánicamente retirar la leche de sus senos. El retiro manual implicaba apretar los senos. El mecánico en ese tiempo implicaba succión continua que a menudo resultaba en ruptura de vasos sanguíneos y daño a los tejidos. El doctor Egnell estudió los efectos de la succión continua y la succión intermitente sobre el pecho humano. También estudió la cantidad de succión "segura" que podía aplicarse al seno humano sin causar daño o ruptura de tejido. Los resultados de su investigación mostraron que la presión negativa o vacío de hasta –220 mm Hg podía usarse sin riesgo y que el vacío debía ser intermitente, siendo liberado cada 1.5 segundos. Su investigación se incorporó al diseño del primer tira leche eléctrico de pistón, el SMB. Actualmente, Ameda Corporation sigue fabricando el tira leche de pistón.

El tira leche ideal debe ofrecer un patrón de succión y ciclo que simule el patrón de succión del infante. El vacío debe proporcionar un rango de presión negativa entre –50 mm Hg y –220 mm Hg. La succión intermitente debe ocurrir entre 30 y 60 ciclos por minuto.

Una característica importante a considerar en el tira leche es cómo aplicar la succión o el vacío a sus senos. El protector para los senos, conocido con diversos nombres, es un reborde diseñado para cubrir el pecho muy parecido a la forma en la que lo hace un bebé con su boca y quijada. Da soporte a su pecho y lo sella contra el reborde cuando se aplica la succión. La abertura del centro para el pezón, el túnel del pezón, se ajusta bien a una mujer de talla promedio. Existe un inserto reductor para tallas más pequeñas, y se adapta al protector del seno. El protector debe conectarse a la fuente de succión con un tubo o estar diseñado con su fuente de succión integrada cerca del protector del pecho.

Los tipos de tira leche disponibles en el mercado actualmente incluyen los siguientes:

➤ Tira leche hospitalario de pistón

➤ Tira leche eléctrico

➤ Tira leche de baterías

➤ Tira leche manual

Veamos cada tipo y considere cuál es mejor para sus circunstancias.

Tira leche hospitalario de pistón

Hoy en día, éste es el mejor tira leche disponible en el mercado. El tira leche hospitalario o médico de pistón se encuentra donde podría esperarse: en un hospital o en un centro médico. Fue diseñado al estilo del prototipo del doctor Egnell y, en algunos casos, su tira leche de pistón puede ser en realidad el SMB.

El tira leche de pistón Elite™ producido por Ameda®.

(Fuente: Hollister, Inc.)

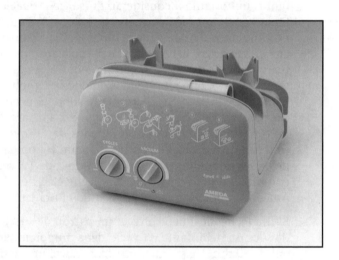

La demanda y el uso de este tipo de tira leche en un hospital o centro médico significa que está diseñado para uso frecuente y para usuarias múltiples. Puede usarse las 24 horas del día, los 7 días de la semana, si es necesario. Por lo tanto se clasifica como equipo médico durable. El pistón se acciona con una fuente eléctrica, lo cual significa que conecta el cordón eléctrico integrado en una clavija de pared. Es el tira leche ideal para cualquier mamá que necesite establecer, aumentar, complementar o mantener su producción de leche. Es el mejor equipo para obtener leche materna, punto. En mi práctica, cuando surge la necesidad de sacar leche con frecuencia o de estimulación de los senos efectiva y eficaz, siempre recomiendo el tira leche hospitalario de pistón.

El nivel de succión sobre esta bomba se ajusta a un máximo de –220 mm Hg. Recuerde, éste es el nivel seguro que determinó el doctor Egnell. Los ciclos o repeticiones del pistón pueden predeterminarse o ajustarse entre 30 y 60 ciclos por minuto. Cada usuaria de tira leche debe usar un paquete individual de recolección de leche para tener acceso a la fuente de succión. Este paquete, por lo general, contiene un protector de senos, tubería y el conector del pistón. Uno de los paquetes de recolección de Medela contiene el pistón mismo. El paquete individual evita contaminación y asegura higiene entre cada usuaria. Su hospital o centro obstétrico puede suministrar este paquete si surgiera la necesidad de un tira leche de pistón. El paquete está disponible para recolección sencilla o doble. El paquete para bombear leche con recolección doble significa que puede estimular y vaciar ambos senos al mismo tiempo. Puede reducir el tiempo de bombeo a la mitad cuando succiona ambos senos simultáneamente. También puede aumentar o mejorar sus niveles de prolactina, aumentando su volumen de leche. Espere que un bombeo sencillo dure entre 15 y 30 minutos, y el doble entre 10 y 20 minutos. Se aconseja a las mamás con bebés prematuros o aquellas que no pueden alimentar a sus bebés directamente del pecho que bombeen ambos senos al mismo tiempo.

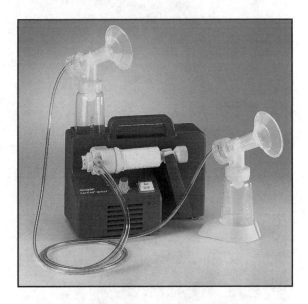

*El tira leche Lactina®
Select de Medela®.
Sólo agregue el paquete
de recolección de pistón
y bombee.*

(Fuente: Medela, Inc.)

El costo de compra de uno de estos tira leche puede ser prohibitivo y por lo general se encuentran disponibles para renta en hospitales, consultorios de lactancia o farmacias.

Tira leche eléctrico

Este es un tira leche para una sola usuaria que muchas mamás que trabajan compran y usan para recolectar leche materna mientras están separadas de sus bebés. El paquete de recolección doble que viene con esta bomba permite a la mayoría de las usuarias recolectar leche de ambos senos al mismo tiempo. Este tipo de tira leche se diseñó con un pequeño pistón o diafragma de globo que crea la succión. Se conecta un adaptador A/C a la toma de corriente para accionar el tira leche. Las baterías y los adaptadores para encendedor de vehículos son opciones de energía para estas bombas. La succión se ajusta a un máximo de –220 mm Hg. Se puede predeterminar el ciclo o ajustarse entre 30 y 60 ciclos por minuto.

Este tipo de bomba es ideal para tres o cuatro usos al día, cinco días a la semana. Por lo general pueden desempeñar entre 300 y 500 horas de operación antes de que el motor requiera servicio. La mayoría de las mamás que trabajan informan que su bomba "duró" para dos hijos.

El tira leche eléctrico de peso ligero y compacto de Ameda®, el tira leche Purely Yours™.

(Fuente: Hollister, Inc.)

El primer tira leche personal portátil para madres que trabajan, el tira leche In Style® de Medela®.

(Fuente: Medela, Inc.)

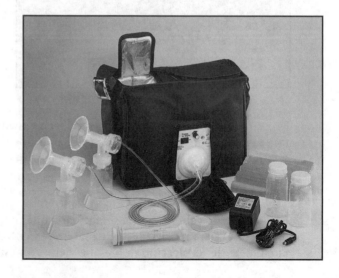

El tira leche que se observa en la figura anterior es para una sola usuaria y no se debe compartir ni debe usarlo más de una persona. La posibilidad de sobreflujo de leche en la fuente de succión o de residuos de humedad en el paquete de recolección, puede presentar riesgo para la salud de usted y de su bebé. La esterilización en el hogar y hervir las partes de la bomba o del paquete de recolección no matan todas las bacterias y los virus, incluyendo VIH y hepatitis A, B y C. Sólo el uso de un autoclave puede asegurar la esterilización. La esterilización con autoclave puede ser costosa y la mayoría de las partes, incluyendo la bomba, no pueden resistir este proceso.

Tira leche de baterías

Este tipo de tira leche genera una succión continua durante su operación. Se acciona con baterías y puede tener un adaptador A/C, el cual por lo general aumenta su precio. Al presionar un botón o alejar el dedo del orificio sobre el motor o el protector del pecho, se libera o se interrumpe la succión. Así es cómo programa el ciclo de la bomba, creando una acción parecida al pistón. Sin embargo, puede llevarle de 6 a 10 segundos llegar a la succión máxima. Esto puede ser un contratiempo. Significa que sólo puede llegar a un ciclo de succión de cuatro a ocho veces por minuto; no llega a los 60 ciclos por minuto necesarios para simular el patrón de succión de un bebé. Como usted controla la succión, su succión máxima podría exceder –300 mm Hg, mucho más del nivel recomendado. Esto puede causar dolor y lesiones a los pezones.

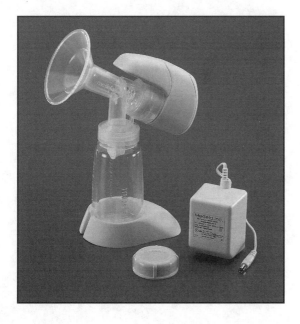

Tira leche portátil MiniElectric™ operado con baterías de Medela®.

(Fuente: Medela, Inc.)

Su tamaño pequeño y compacto y la operación con baterías son las únicas conveniencias que ofrece este tipo de bomba. Es una mala elección para bombeo a largo plazo o para establecer o mantener su producción de leche. El tiempo de bombeo puede ser entre 10 y 20 minutos para cada pecho. Si recolecta leche materna sólo ocasionalmente para su bebé, ésta es una buena opción.

Tira leche manual

La última opción a considerar es el tira leche manual. Como indica su nombre, sus esfuerzos operativos la convierten en el motor. No tiene componentes motorizados o eléctricos. Se crea succión cuando se pone el empaque a través del cilindro, y ésta se libera cuando el empaque vuelve a su punto de inicio. Su frecuencia de actividad y liberación es su patrón de ciclo. La mayoría de las bombas manuales requieren oprimir una manija, una perilla o jalar un pistón a través del cilindro. El nivel de succión con este tipo de bomba puede variar entre –60 y –400 mm Hg. Algunas bombas le permiten programar los ciclos hasta con una frecuencia de 60 por minuto, mientras que otras limitan la frecuencia.

Su tiempo de bombeo será entre 15 y 20 minutos con cada seno. Esta bomba puede funcionarle bien si tiene paciencia y puede aprender el "arte de bombear". También funcionará bien una vez que ya esté amamantando y esté establecido su suministro de leche. Muchas mamás eligen bombear un seno mientras el bebé succiona del otro para aprender la técnica de bombeo. No es un tira leche que se recomiende para bombeo frecuente, para establecer su suministro de leche o para mujeres con síndrome de túnel carpiano.

*Tira leche manual
de Ameda.*

(Fuente: Hollister, Inc.)

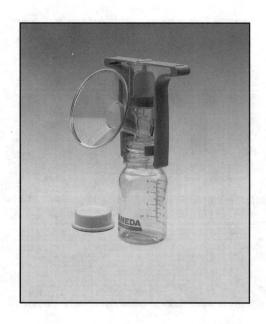

Comparación de tira leches

	Grado médico	Personal	Batería	Manual
Uso diario	5 a 12/día	2 a 4/día	1 a 2/día	1 a 3/ día
Uso semanal	4 a 7 días/sem.	3 a 5 días/sem.	1 a 3 días/sem.	3 a 5 días/sem.
# de usuarias	Múltiple	Sólo una	Sólo una	Sólo una
Accesorios	Doble/sencillo	Doble/sencillo	Doble/sencillo	Doble/sencillo
Tiempo de bombeo				
Doble	10 a 15 min	10 a 15 min	10 a 15 min	
Sencillo	15 a 30 min	15 a 30 min	15 a 30 min	20 a 30 min
Disponibilidad	Hospital	Hospital	Hospital	Consultorio de Lactancia
	Consultorio de Lactancia	Consultorio de Lactancia	Consultorio de Lactancia	Farmacia
	Farmacia	Farmacia	Farmacia	Pedido por correo
	Provee. médico	Provee. médico	Pedido por correo	
Nombre de marcas				
Ameda	SMB	Purely Yours	One Hand	Tira leche
	Lact-e			
	Elite			
Avent				Isis
Medela	Classic	Pump In Style	MiniElectric	ManualEase™
	Lactina Plus		DobleEase™	SpringExpress
	Lactina Select			

Proveedores

No todas las mamás necesitan un tira leche. Si consigue ayuda de profesionales de la lactancia y amamanta con frecuencia desde el principio, no necesitará el uso de un tira leche. Aunque en ocasiones puede surgir la necesidad.

Es muy importante localizar proveedores de tira leche en su área antes del parto, aun si usted cree que no lo necesitará. Puede surgir alguna indicación médica y necesitar bombear su leche. He escuchado a muchas mamás decirme: "no, no voy a necesitar un tira leche; tengo planes de quedarme en casa". Entonces, en la primera semana de lactancia pueden experimentar un congestionamiento inesperado que requiera bombeo de leche. Son las 11 de la noche y está llamando a todas partes para encontrar uno. Sus proveedores posibles pueden incluir los siguientes:

- ➤ Consultorio de lactancia
- ➤ Hospital o centro obstétrico
- ➤ Farmacia
- ➤ Tienda de productos médicos
- ➤ Tienda de bebés

Reúna la información de un proveedor que incluya tarifas, términos, horas de trabajo, suministros y servicios adicionales. Puede pedir un contrato de renta para tenerlo a mano y llenarlo en caso necesario. Averigüe si su proveedor cuenta con un representante que pueda explicarle los diferentes tipos de tira leche que manejan.

La decisión de rentar o comprar un tira leche depende de sus circunstancias, presupuesto y preferencias. Querrá esperar hasta su tercera o cuarta semana para empezar a bombear leche extra. Por lo general, recomiendo que espere para comprar un tira leche hasta después de que haya nacido el bebé. Sus circunstancias pueden requerir un tira leche hospitalario de pistón en las primeras semanas. Algunos comerciantes ofrecen descuentos en la compra de un tira leche si su cliente les renta uno a ellos. Pregúntese cuánto puede gastar. Su presupuesto puede indicar renta sobre compra. También considere su preferencia. ¿Prefiere tener su tira leche o rentar uno? Compare las ventajas que una opción tiene sobre la otra.

Lo último, pero no menos importante, es la disponibilidad. Averigüe que tipos de tira leche son los que tiene su proveedor inmediatamente. No es buena idea encontrarse con estantes vacíos cuando necesita algo. Pregunte cuáles son los tira leche que su proveedor mantiene en existencia. Puede ser posible dar un depósito para la renta o compra de un tira leche, con el fin de asegurar disponibilidad.

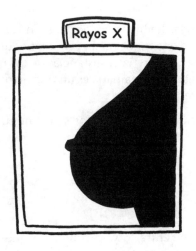

Capítulo 7

Componentes clave

En un capítulo anterior hablé de la clasificación de los mamíferos y de que la glándula mamaria es una de las "características" que se incluyen en la categoría de mamífero. Cualquier animal con pelo, tres huesos auriculares, un corazón con cuatro cámaras y órganos que secretan leche se considera mamífero. La función principal de los senos de un mamífero es secretar leche. Esto es un hecho científico. También acepto el punto de que la función de los senos, los de una mujer, es atraer a un compañero. Pero por ahora vamos a apegarnos a los hechos científicos.

La lactancia no es sólo una habilidad, sino también una ciencia. Debemos considerar la ciencia de la lactancia para entender mejor la producción de leche. Veremos qué es y cómo funciona, manteniendo la parte científica lo más sencilla posible. Es importante entender cuáles son los componentes y cómo funcionan juntos para apreciar este rasgo sorprendente de la humanidad, bueno, ¡del genero femenino!

Los senos humanos

En el hombre los senos permanecen rudimentarios o no desarrollados por completo durante toda su vida. Sin embargo, en la mujer el desarrollo de los senos comienza en la *pubertad*.

Pero los hombres tienen senos, entonces ¿por qué no pueden amamantar? Bueno, los senos de la mujer son diferentes a los del hombre, más en la función que en la forma. Veamos la forma del seno de una mujer, por dentro y por fuera, para entender mejor la diferencia.

Los senos de la mujer

La glándula mamaria es la que secreta leche en las hembras. Viene del latín *mammae,* que significa "senos". Una glándula es un órgano del cuerpo humano, que consiste en un conjunto de células que secretan y sintetizan sustancias de la sangre y las convierte en compuestos nuevos. La glándula mamaria es un órgano que sintetiza sustancias de la sangre y las convierten en leche.

Al verlos desde fuera, encontraremos estas características en los senos de una mujer:

➤ Pezón
➤ Areola
➤ Piel

El pezón está en el centro de la areola y contiene entre 15 y 25 conductos que se abren hacia la superficie de la piel. Estos conductos son para secretar leche. El pezón y la piel que lo rodea son de color más oscuro que el resto del seno. El pezón por lo general es una protuberancia que surge de la base del tejido del seno. Veremos los pezones planos o invertidos en el capítulo 22, "Pezones únicos". El pezón

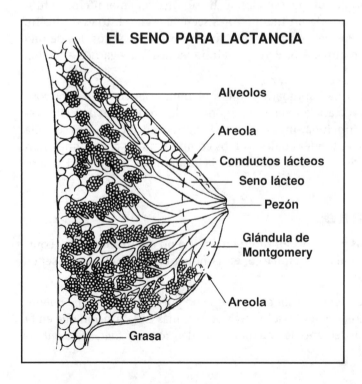

EL SENO PARA LACTANCIA

Alveolos

Areola

Conductos lácteos

Seno lácteo

Pezón

Glándula de Montgomery

Areola

Grasa

Debajo de todo, el seno para lactancia.

(Fuente: Hollister, Inc.)

contiene muchas fibras musculares y una gran cantidad de terminaciones nerviosas. Ésta es una característica importante porque la señal sensorial que transmite a través del sistema nervioso a su cerebro es vital para la lactancia. El pezón es un área muy sensible de los senos de la mujer y es extremadamente elástico. También tiene abundantes aceites y glándulas sudoríparas.

La areola es un área circular pigmentada que rodea el pezón. Antes del embarazo es ligeramente más obscura que la piel que lo rodea, pero durante el embarazo se vuelve de color más oscuro y por lo general así se queda. El color más oscuro puede ser para que su recién nacido cierre la boca alrededor de su areola y no sólo sobre el pezón. También puede aparecer como un objetivo para su bebé, mostrando dónde debe pegar la boca. Su diámetro promedio es entre tres y cuatro pulgadas (7.5 y 10 cm). Este rango puede crecer mucho durante el embarazo. La areola contiene *glándulas de Montgomery*, que se ven como pequeñas protuberancias durante el embarazo y la lactancia. Las glándulas de Montgomery son una especie de glándula de grasa que secreta un lubricante, el cual protege sus pezones y areola durante el embarazo y la lactancia. No intente exprimir estas protuberancias, ellas liberan el aceite en forma natural. También secretan un cierto aroma que ayuda al recién nacido a localizar su fuente de alimento.

La piel de los senos es una cubierta delgada y casi elástica que los cubre. Los senos son del color de su piel en general. Esta piel contiene vello, glándulas sudoríparas y glándulas sebáceas. El vello de la piel puede ser muy fino y casi imperceptible, o puede tener apariencia gruesa y obscura. Durante el embarazo puede ver venas azul oscuro en los senos a través de la piel. Éste es el suministro de sangre tan necesario para los tejidos del seno. También pueden aparecer estrías en los senos.

Si vemos el interior del seno, apreciamos estas características:

➤ Grasa mamaria

➤ Tejido conectivos

➤ Sistema de conductos de la leche

➤ Suministro de sangre

➤ Sistema linfático

Quizá nunca pensó que los senos de la mujer tuvieran grasa, pero la verdad es que es su principal componente. La grasa o tejido adiposo rodea la parte glandular del seno. Los músculos pectorales están debajo de esa capa de grasa.

El tejido conectivo, conocido como ligamentos de Cooper, une el sistema de conductos mamarios en la piel superior y los músculos pectorales que se encuentran detrás. Estos ligamentos ayudan a proporcionar la estructura para el interior del seno.

El sistema de conductos es el centro de producción y distribución de leche. Piense en él como un gran racimo de uvas, donde cada uva representa un lóbulo lácteo. El lóbulo a su vez se subdivide en alveolos, donde hay miles de células productoras de leche llamadas *acini*, que en realidad son las que fabrican la leche. El lóbulo se vacía en los conductos lácteos y éstos a su vez, en los senos del pezón. Los senos lácteos se vacían entonces a través de las aberturas del pezón hacia la superficie del pezón mismo.

El suministro de sangre en todo el seno es bastante extenso. Esto se debe a que la sangre proporciona todos los nutrientes necesarios para la producción de leche y para el desecho de productos celulares inservibles. El aumento en el tamaño de los senos durante el embarazo se debe, en parte, a la cantidad de sangre contenida en los vasos sanguíneos del seno. El suministro de sangre hacia el pezón es abundante en la superficie, lo cual contribuye a su color. Las venas y arterias corren por todo el tejido de los senos.

La linfa es una sustancia acuosa alcalina que contienen los tejidos y órganos del cuerpo. Transporta los productos de desecho y las toxinas que secretan las células. El drenaje linfático de los senos corre a través de la piel, la areola y el tejido glandular. El fluido linfático se drena en los nódulos linfáticos, con una mayor cantidad de drenaje de los senos que se vacía en los nódulos de la axila.

Los senos del hombre

Ahora que ya explicamos el punto sobre las características internas del seno que contribuyen a su tamaño, entonces será fácil entender la diferencia entre los senos del hombre y los de la mujer. En otras palabras, a los hombres les faltan muchas características que permiten la producción de leche.

Desde fuera vemos que el hombre tiene pezón y areola, y en general piel en los senos igual que los de la mujer. El pezón y la areola son de pigmentación más obscura, similares a los de la mujer. Sin embargo, el tamaño del pezón y la areola son significativamente más pequeños. Los senos del hombre no sobresalen de la base del pecho. ¡Un hombre nunca podrá usar sostén!

Desde dentro vemos que en los senos del hombre no prolifera un sistema de conductos de leche. No hay ningún racimo de uvas. No hay lóbulos, senos lácteos ni aberturas hacia la superficie del pezón. También vemos que, hasta cierto grado, la capa de grasa no existe. El tamaño de los senos del hombre viene de los músculos pectorales, no de la grasa y el tejido conectivo como en los de la mujer.

Ahora ya conoce la diferencia estructural entre los senos masculinos y femeninos. Perdón si algunos de los hombres que leen esta guía se sienten decepcionados. Pero igual que con el embarazo y el parto, ¡tal vez algún día les llegue su oportunidad de experimentar esto!

La forma concuerda con la función

Ya vimos la forma, así que ahora veamos la función. ¿Cómo funcionan realmente estas características estructurales? El embarazo empieza a preparar los senos para la producción de leche mucho tiempo antes de la fecha del parto. Detrás del escenario, la preparación del alimento ya comenzó. Cuando se inicie la celebración, habrá suficiente alimento para el bebé.

En los primeros meses del embarazo, los senos se vuelven sensibles y empiezan a crecer en respuesta a las hormonas. Una de las cosas exclusivas de las mujeres son las *hormonas* particulares que poseen. Las hormonas que circulan en su torrente sanguíneo ocasionan crecimiento en los conductos de la leche, los lóbulos y los alveolos.

Para el segundo trimestre, alrededor de las 16 semanas de embarazo, empieza la producción de calostro en las glándulas mamarias. El calostro se considera la "primera" leche. Es el alimento que se está preparando en sus senos. Las células de acini secretan esta sustancia que se recolecta en los alveolos o sacos de leche. Una vez que el calostro llena estos sacos, pasa a los conductos de la leche, los cuales se drenan en los senos lácteos y eventualmente se secreta calostro a través de las aberturas en el pezón.

El calostro es un fluido amarillo y pegajoso que proporciona a su bebé nutrición esencial y protección contra infecciones. La cantidad de fluido es pequeña, tal vez unas cuantas gotas, pero a pesar de esto la calidad de sus nutrientes es extraordinaria. El calostro contiene proteína, azúcar, grasa, vitaminas, minerales, hormonas, enzimas y un ejército de glóbulos blancos que luchan contra bacterias y virus. No existe sustancia sintética alguna que pueda reemplazar este fluido humano.

Por lo tanto, es muy importante que su bebé consuma esta primera leche que le dará el mejor inicio en su vida. En un capítulo posterior vamos a ver cómo el calostro se convierte en leche madura. Puede experimentar cierta secreción de este calostro durante su embarazo. Está bien. Algunas mujeres no lo tienen antes de parto y también está bien. Si tiene algo de secreción, sólo unte el fluido alrededor de su pezón y areola, es un gran humectante y lubricante, en especial si ha tenido resequedad en la piel. La secreción de un poco de calostro confirma que ya está produciendo leche para su bebé.

Prolactina: una hormona importante

Tenga en mente que muchas hormonas importantes juegan un papel durante la lactancia. Para hacer sencillas estas cosas, sólo le hablaré de dos hormonas que son vitales para la producción y liberación de su leche materna. Una de estas hormonas es la prolactina.

47

Recuerde que una hormona es una sustancia que es secretada por una glándula dentro de su torrente sanguíneo para estimular la actividad en uno o varios órganos. La prolactina es principalmente una hormona que "fabrica leche". Desempeña una parte en otras funciones corporales, pero esencialmente sirve para la producción de leche. La prolactina estimula y prepara los alveolos durante el embarazo para que secreten leche. En la lactancia, la prolactina siempre señala la producción y secreción de leche.

La glándula pituitaria, que se localiza en el cerebro, secreta prolactina en la sangre. Otra hormona controla la cantidad de prolactina que circula en la sangre durante el embarazo. La placenta libera cierta hormona que suprime la cantidad de prolactina presente en su sangre. Esto impide que produzca grandes cantidades de leche hasta después de que su bebé haya nacido. Cuando la placenta se expulsa después del parto, desaparece la hormona que suprimía la producción de prolactina. Para el segundo o tercer día después del parto, sus niveles de prolactina aumentan en gran medida y empiezan a producirse abundantes cantidades de leche.

El estímulo vital para la producción y secreción de prolactina es la *succión* de su bebé. La succión es lo que hace el bebé cuando se alimenta del pecho. No sólo crea succión sino que también jala leche de sus senos con los labios, las quijadas y la lengua al mismo tiempo. La estimulación de los senos, especialmente por medio de la succión del bebé, causa un reflejo entre su seno y su cerebro. Como resultado, la glándula pituitaria libera prolactina. Si no se saca la leche de los senos, se detiene la secreción de prolactina en unos cuantos días y la secreción de leche se convierte nuevamente en un fluido parecido al calostro.

Oxitocina: otra hormona importante

La otra hormona que juega un papel clave en la lactancia es la oxitocina. Esta hormona también es secretada por la glándula pituitaria en el cerebro. La estimulación de los senos, ya sea por succión del bebé o por estimulación manual, provoca su liberación.

La oxitocina estimula los alveolos para liberar la leche que se produjo. Esto se hace estimulando ciertas células musculares para que se contraigan, lo cual ocasiona compresión alrededor del saco de leche. Esta contracción empuja la leche fuera del saco hacia el conducto de la leche. Otras células musculares que se encuentran en los conductos de la leche se contraen también y empujan la leche por el camino hacia la salida. Esta actividad de liberación de leche ocurre en cada "racimo" de la glándula mamaria donde se produce la leche.

La acción de la oxitocina en estas células musculares produce un reflejo que se conoce como reflejo de expulsión de leche. Tanto la producción de leche como el reflejo de expulsión de leche ocurren prácticamente al mismo tiempo. Pueden pasar entre uno o dos minutos desde que su bebé empieza a succionar para obtener resultado de estos reflejos.

Usted sabrá cuándo se lleva a cabo la liberación de leche en el momento que sienta un cosquilleo o pulsación que baja por los conductos de la leche. El término común de esta sensación es "baja la leche". Si no percibe esta sensación, no se preocupe. Siempre digo a las mamás que busquen otras señales de liberación de leche cuando no sienten nada. Discutiremos las otras señales en un capítulo posterior.

La hormona oxitocina también desempeña un papel importante en el control de la pérdida de sangre después del parto. Ocasiona contracciones del útero durante la labor. Después de que el bebé sale del útero y se expulsa la placenta, necesitan comprimirse miles de vasos sanguíneos uterinos para controlar la pérdida de sangre. La oxitocina también estimula los músculos del útero para que se contraigan y así ayuda a evitar la pérdida de sangre. Cada vez que se estimulan los senos, la oxitocina provoca liberación de leche y contracciones uterinas. ¡Qué buen paquete!

Entonces, cuando sienta contracciones o calambres en la matriz, relájese segura de que tendrá leche, y cada ocasión que el bebé succione el pecho, el útero se contraerá una y otra vez. Estas contracciones frecuentes ayudan al útero a restablecer el tamaño y la forma que tenían antes del embarazo.

Existen otras maneras en que se puede estimular la liberación de oxitocina. Ver, tocar, escuchar y oler a su bebé puede provocar la liberación de esta hormona. Es por ello que puede secretar algo de leche entre los alimentos o mientras duerme. Las actividades como lavar la ropa del bebé, ver fotografías o escribir a un amigo sobre su nuevo bebé pueden detonar también la liberación de oxitocina.

Otras hormonas son importantes en la producción y liberación de la leche, pero les hablé sólo de las más esenciales. Las investigaciones en el campo de la lactancia continúan identificando funciones adicionales de las hormonas. Puede haber otros componentes para la lactancia que todavía no se han identificado.

Capítulo 8

El día D

Bueno, llegó la hora de unir todas las piezas para el gran evento. Es el momento de empezar lo que ha leído y preparado hasta ahora. Este capítulo lo titulé el "día D" porque el día del parto es un suceso histórico. Es un día que celebrará toda la vida.

Lo que voy a cubrir en este capítulo será vital para que la lactancia tenga un inicio exitoso. Después de leer este capítulo, pida a su cónyuge o compañero que lo lea también. Vuelva a leerlo una y otra vez cuando empiece su trabajo de parto. Le ayudará a refrescar la memoria y recordarle los pasos esenciales que deberá dar el día del parto.

La primera hora

Cuando se registre en la institución donde dará a luz, le preguntarán varias cosas sobre cómo planea alimentar a su bebé. Deberá dar una respuesta sólida como: "voy a amamantarlo". Esto enfatiza un compromiso con su elección y la fortalece para lo que viene a continuación.

Después del parto, querrá tener al bebé entre sus brazos para verlo, sentirlo, abrazarlo y maravillarse. Esto inicia el lazo que desarrollará con su bebé. Los dolores, la transición, todos los pujidos y la angustia del parto quedarán atrás. Habrá terminado un increíble ejercicio aeróbico. ¿Adivine quién quiere comer?

La primera hora después del nacimiento ofrece el mejor momento para que su bebé empiece a alimentarse. Por lo general está despierto, muy alerta y dispuesto a pegarse a su pecho. Los bebes con frecuencia muestran habilidad para succionar de su pecho debido a un "instinto". Este instinto es la acción de abrir y cerrar la boca en busca de algo para poner en ella. Éste es un momento ideal para iniciar a su bebé en la lactancia.

¡Empecemos! Pida ayuda a su enfermera, doula, esposo o compañero para encontrar una posición cómoda con muchas almohadas y un buen soporte en la espalda. Si tiene cama con respaldo ajustable, levántelo hasta que esté en posición sentada. Abra el frente de su ropa o deslice la manga por el brazo para exponer el seno. A los bebés les encanta sentirse sobre su piel desnuda. Puede cubrirse con una frazada y acunar a su bebé en los brazos.

Si le hicieron cesárea, pida a la enfermera en la sala de recuperación que le ayude a sentarse o a ponerse de lado. Use varias almohadas para que esté cómoda. Puede encontrar información adicional en el capítulo 17, "Cesárea", sobre lactancia después de una cirugía.

Muchas mamás eligen "acunarlos" para amamantarlos por primera vez. En este capítulo veremos algunas posiciones para lactancia. Lo más importante es poner al bebé al nivel del pecho para que pueda alcanzar sus senos fácilmente. Evite jorobarse sobre el bebé o inclinarse hacia él. Deberá siempre tener al bebé cerca de usted. Coloque la cara y el abdomen del bebé hacia su cara y su abdomen. Acune su cabeza en su codo y sostenga sus glúteos con la palma de la mano. Debe sostener a su bebé con un brazo. Use almohadas bajo el brazo y codo como apoyo.

Usando su mano libre, sostenga uno de sus senos y toque con el pezón el labio inferior del bebé. Si éste no tiene el instinto de inmediato, deberá estimularlo para que abra la boca. Si la respuesta no es automática, tenga paciencia, tiene que intentarlo una y otra vez. Cuando la boca del bebé esté bien abierta como en un bostezo, acérquelo a su pecho rápidamente. Lo que usted busca es que la boca del bebé se cierre alrededor de gran parte del seno. Esto significa que succionará el pezón y casi toda la areola. Las encías del bebé deben estar colocadas sobre los senos lácteos, donde la leche está disponible fácilmente. Recuerde que éstos se encuentran bajo la piel circular obscura de su areola.

Acerque al bebé a su pecho cuando tenga la boca bien abierta.
(Fuente: Anne P. Mark)

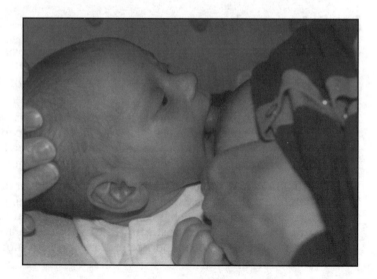

El bebé deberá empezar a succionar el pecho poco después de que tiene el pezón en la boca. Esto significa que el bebé está bien asido a su pecho. La frecuencia de succión es alrededor de una vez por segundo para estimular la liberación de leche. Deberá sentir la succión en el seno. Si cierra los ojos, concéntrese en sentir la lengua de su bebé alrededor de su seno jalando leche de él. Es muy parecido al movimiento de la lengua para comer un helado en un cono. El bebé jalará el pezón hacia la parte de atrás de su boca y tragará pequeñas cantidades de calostro con estas primeras tomas.

Su bebé está comiendo cuando usted ve, escucha o siente lo siguiente:

➤ Los labios del bebé se mueven alrededor de su seno como la "boca de un pez".

➤ La boca del bebé cubre la mayor parte de su areola.

➤ Siente la succión fuerte en el seno.

➤ Los lóbulos de las orejas del bebé se mueven cuando la quijada comprime los senos lácteos.

➤ Escuchará al bebé hacer pausas para tragar la leche.

Es posible que sienta algo de dolor al principio con las primeras tomas del bebé. Esto podría durar uno o dos minutos desde que empezó a succionar. Una vez que el bebé jale suficiente de su seno dentro de la boca, disminuirá cualquier dolor. Si éste persiste, intente nuevamente la colocación del seno en la boca del bebé en otra posición.

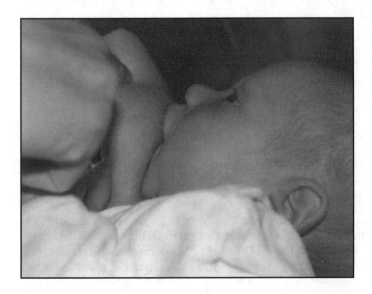

¡La mejor forma de alimentarlo! Note la posición de los labios y la nariz del bebé.

(Fuente: Anne P. Mark)

Su enfermera o doula debe estar capacitada para ayudarle con estas primeras tomas del bebé. Si no es así, pida a alguien capacitado en lactancia que le ayude
con algunas de las tomas. Pida a su esposo o compañero que le ayude también
a verificar cada toma. Puede ser difícil para usted ver si el bebé está bien asido al
pecho.

Con el bebé en el seno, relájese y déjelo que succione el tiempo que quiera. Mientras más tiempo, mejor. La primera toma y las siguientes deben durar lo que el
bebé desee. Esto no le lastimará los pezones, siempre y cuando el bebé esté bien
colocado sobre el pecho. Es muy normal que las tomas en estas primeras horas y
en los primeros días sean prolongadas. Esto permite al bebé y a usted mucho
tiempo para aprender. No mire el reloj, mire a su bebé. Relájese y cierre los ojos.
Respire profundo por la nariz, concéntrese sólo en amamantarlo, él dejará el pecho o se quedará dormido en cuanto esté satisfecho.

Cuando el bebé termine con el primer seno, debe sacarle el aire y luego ofrecerle
el otro. El aire puede llenar el estómago y ocupar el lugar de la leche. Tal vez no
expulse aire si llora un poco o nada, y si ingirió cantidades pequeñas de calostro.

Coloque al bebé con el abdomen contra su hombro. Ahora suavemente dé pal-
maditas en la espalda o los glúteos. Esto ayuda a liberar el aire y también estimula
al bebé a despertar si se quedó dormido. Deberá entonces ofrecerle el otro seno.
Esto permite a su bebé tomar bastante leche y favorece la lactancia. Esta primera
toma y las siguientes ayudan a sentar un precedente. Recuerde que la frecuencia
de succión también libera hormonas que ayudan a establecer su producción de
leche.

Tal vez el bebé quiera succionar sólo de un seno en cada toma. Es buena idea ofrecer el otro, quizá quiera tomar un poco más, aunque está bien si no acepta la oferta, pero la siguiente vez que lo alimente asegúrese de ofrecer primero el seno de
donde no tomó.

Para ofrecer a su bebé el otro seno, colóquelo en el otro brazo y póngalo al nivel de
su pecho. Debe estar de frente a usted y su abdomen tocando el suyo. Sosténga-
se el seno con la mano libre, toque el labio inferior del bebé con el pezón y cuando
tenga la boca bien abierta, rápidamente acérquelo a su pecho de nuevo. El bebé
estará pegado a los senos lácteos y de inmediato empezará a succionar. De nuevo,
deje al bebé succionar hasta que libere su seno y parezca estar satisfecho.

Después de que el bebé succiona del otro seno, trate de sacarle el aire nuevamente. Puede sentar al bebé en su regazo, apoyando la barbilla y frote suavemente su
espalda. Si después de la toma tiene algo de leche en el pezón, frótela sobre el pezón y la areola. Es bueno dejar que sus pezones y areolas se sequen con el aire después de cada toma.

¿El bebé está obteniendo algo con estas primeras tomas? Si contestó "calostro", es
que ha aprendido bastante hasta este punto. La primera leche materna, llamada
calostro, viene en una cantidad pequeña. Quizá el bebé succionará sólo el equiva-
lente a una cuchara cafetera. Esta pequeña cantidad es parte del plan. Su bebé

succiona un poco para obtener esta primera leche y para estimular sus senos. La estimulación produce liberación de prolactina y oxitocina, que promueven la producción y liberación de leche. ¡Mientras más, mejor!

Ahora, si ya dedicó tiempo a la primera toma del bebé, ¡felicitaciones! Es el momento de que usted y su bebé descansen, duerman y se preparen para otra ronda. Sostenga al bebé cerca de usted. Estos primeros minutos y horas de maternidad son momentos inolvidables.

Posturas

La postura adecuada de su bebé en su pecho puede hacer una gran diferencia. Es por ello que hay diferentes posiciones para la lactancia. Ya mencioné la posición "de cuna", pero hay otras que se deben considerar.

Querrá intentar varias posturas y encontrar una preferida. Su bebé puede también tener una preferida. Aprenderá cuáles posiciones son las mejores mientras practica más la lactancia. Piense en estas posiciones como las diferentes formas en que usted ingiere sus alimentos, tales como sentada, recostada o de lado.

Puede sentirse un poco extraña al principio con estas posiciones para lactancia, pero la práctica remediará esto. Quizá necesite un par de manos extra que le ayuden con las primeras tomas. Tenga varias almohadas a la mano para encontrar posturas cómodas.

Las diversas posturas a intentar durante la lactancia incluyen las siguientes:

➤ Como cuna
➤ Atravesada en la cuna
➤ Como nido o balón de fútbol americano
➤ De costado

Como cuna

Esta posición es la más común. Seguro ha visto fotografías o imágenes de una madre acunando a su bebé en los brazos. La cabeza del bebé se coloca en el codo, el antebrazo soporta su espalda y la mano sostiene los glúteos. El otro brazo y la mano están libres para colocar el seno durante la toma y poner la boca del bebé al nivel de su pecho. También le ayuda a colocar el abdomen del bebé contra el suyo. Algunas madres dicen que ésta es la única postura que usan.

Como nido o balón de fútbol americano

Si anida al bebé como si estuviera cargando un balón de fútbol americano, estará en esta posición. La cabeza del bebé se apoya en su mano y su cuerpo está a lo largo de su lado derecho o izquierdo. Los pies del bebé señalan hacia su espalda. Esta postura funciona bien para mujeres que tienen senos grandes. También se sugiere para mamás que dan a luz por cesárea, porque evita que las rodillas y los pies del bebé toquen su incisión. Imagine a su bebé sentado para lograr esta posición. Use una o dos almohadas para poner al bebé al nivel de sus senos. Es una gran postura para amamantar cuando está sentada en la cama.

Acunar al bebé para alimentarlo.

(Fuente: Bravado! Designs, Inc.)

Sostenga al bebé como si cargara un balón de fútbol americano.

(Fuente: Anne P. Mark)

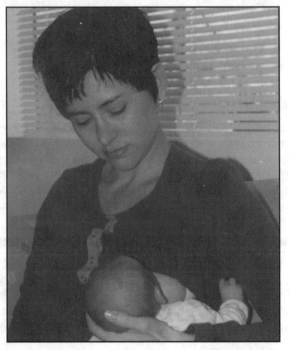

De costado

Recostarse sobre un lado para amamantar es la posición más cómoda y es muy buena para su postura, porque la cama o un sillón le brindan apoyo a su espalda, costado y cabeza. Póngase una almohada debajo de la cabeza, una detrás de la espalda, otra entre las rodillas y estará lista. Coloque al bebé en el pecho y empiece a alimentarlo. Puede quedarse dormida, pero no se preocupe, tiene una buena posición para descansar todo lo que desee. Si coloca una frazada enrollada detrás del bebé, ¡también él se quedará dormido!

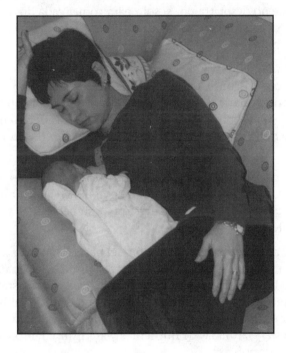

La postura de costado libera sus manos.

(Fuente: Anne P. Mark)

Atravesada en la cuna

Por último, pero no menos importante, es la postura atravesada en la cuna. Es realmente una mezcla entre la de la cuna y la del balón de fútbol. Sostenga la cabeza del bebé con la palma de la mano. Apoye la espalda y los glúteos del bebé en su antebrazo, acérquelo a su abdomen al nivel del pecho para que lo tome. Esta postura puede ayudarle a colocar a su bebé mejor en el seno.

Trate de usar varias posturas con cada toma. Es útil cambiar la posición del bebé en el pecho, porque le ayudará a vaciar diferentes secciones de los senos. Al ponerlo en diferentes posiciones, cambia la forma en la que el bebé está asido a su seno y esto también puede prevenir irritaciones.

El factor frecuencia

Deberá dar de comer al bebé cuando él lo demande después de nacer. Cada vez que su bebé succiona, hay liberación de hormonas y éstas son importantes para aumentar su producción de leche y liberarla de sus senos. Estas hormonas también ayudan a controlar el sangrado después del parto. Es común que el bebé succione cada dos o tres horas y en ocasiones más a menudo. ¡No hay necesidad de cuestionar el deseo de comer del bebé!

Es posible que su bebé no demande tomas frecuentes si tiene sueño. Usted tendrá que ayudar a un bebé que no despierta por sí solo para comer cada dos o tres horas. Cambiarle el pañal o desvestirlo puede ayudar a estimularlo y despertarlo cuando duerma más de tres horas.

Como el bebé querrá que lo alimenten muy seguido, es una gran idea tenerlo en su cuarto, es decir mantenerlo con usted lo más posible. Además, eso le da mucho tiempo para admirarlo y maravillarse. Al bebé le encanta que lo abrace, siente calidez y comodidad, muy parecidas a como estaba dentro del vientre. Un bebé puede olerla, escucharla y verla. Los latidos de su corazón le son muy familiares.

La frecuencia de la lactancia en este primer día es muy importante. Si llegan amigos y familiares a visitarla, tendrá que explicar que alimentar al bebé es su prioridad número uno. Restrinja las visitas, no la alimentación de su bebé. Si se siente incómoda con público, pídales que salgan.

La frecuencia de succión y tragado ayuda a la digestión del bebé, lo cual también ayuda a la estimulación y el movimiento de los intestinos. La primera evacuación del intestino es una sustancia verdosa oscura llamada *meconium*. El calostro es también un buen laxante que ayuda con la eliminación del meconium. El bebé tiene que pasar esto para reducir la posibilidad de ictericia. Es difícil creer que esas pequeñas gotas de calostro están saturadas de nutrientes y al mismo tiempo ayuden al bebé a su primera evacuación.

Señales de hambre

Existen varias formas en las que su bebé puede decir que necesita comer. Es importante conocer y reconocer estas señales. Una señal es un indicio para llamar su atención. La señal de hambre del bebé puede ser cualquiera de las siguientes:

- ➤ Mover los labios
- ➤ Succionar su puño
- ➤ Movimiento rápido de los ojos
- ➤ Llanto

Mover los labios significa que el bebé abrirá y cerrará la boca, demostrando que está listo para comer. Quizá intente chuparle el cuello. Puede también ponerse la orilla de la frazada en la boca o puede intentar pegarse al pezón de papá. El bebé puede empezar a despertar moviendo los labios. Reconocer esta clave significa que deberá prepararse para alimentarlo. Se asirá a su seno fácilmente en cuanto se lo ofrezca.

Los bebés que se chupan los puños o los dedos están listos para succionar los senos. Pueden hacer esto mientras duermen y también se despiertan fácilmente. Ver esta señal significa que debe prepararse para alimentarlo. Amamantarlo antes de que se inquiete y llore reduce cualquier ansiedad que pudiera sentir.

Una señal que el bebé muestra mientras duerme se llama "movimiento rápido de los ojos". Observe los ojos del bebé para ver si danzan alrededor de los párpados cerrados. Ésta es una etapa del sueño que se conoce como movimiento rápido de los ojos y significa que el bebé pronto despertará. También significa que puede despertarlo fácilmente levantándolo o cambiándole el pañal.

El llanto de un bebé es la señal de hambre más reconocida, pero no espere hasta que llegue a este punto. Busque primero otras señales para que la alimentación sea fácil y sencilla. En ocasiones, por la noche no tendrá otra alternativa más que esperar el llanto, pero cuando no esté dormida busque otras señales. Asegúrese de que su esposo o compañero sepa también reconocer estas señales de hambre.

Ayuda o estorbo

El éxito de sus primeras horas y días de lactancia depende de tomas no restringidas y frecuentes. Si duran mucho tiempo, se supone que así debe ser. Si dedica la mayor parte de su tiempo a alimentar a su bebé, qué bueno. Puede estar tentada o alentada a enviar a su bebé a la cuna, pero descansará mejor si tiene al bebé a su lado, en su habitación. Su esposo o compañero puede hacer equipo con usted para hacer el trabajo. Responder con rapidez a las señales de hambre del bebé hace una gran diferencia.

Hay algunas otras cosas que se le ofrecerán que en realidad no ayudarán a la lactancia. Si alguien sugiere un sustituto de leche materna, un chupón o algo de agua esterilizada, sólo diga no. Todo esto puede interferir con el progreso de la lactancia de su bebé. Pueden disminuir o desalentar al bebé de realizar tomas frecuentes. El sustituto de leche materna le llenará el estómago y disminuirá su apetito. También puede causar sensibilidad innecesaria o alergias. El agua también retrasa las tomas frecuentes necesarias para su producción de leche. Muchas veces se le da un chupón al bebé cuando éste mueve los labios o se chupa los dedos. Ésta es una señal de que está listo para comer, y no para succionar un chupón.

Estipule claramente con los proveedores del cuidado de la salud que no desea ninguna leche de fórmula para bebé, agua ni chupones, ya que éstos no ayudan al buen inicio de la lactancia. Algunos padres encuentran que es útil poner una tarjeta donde diga que el bebé toma sólo leche materna. Pregunte al doctor de su bebé bajo qué circunstancias se administra un sustituto de leche cuando una mamá lo está amamantando. Defina qué es una "necesidad médica" y pregunte cómo se manejará su lactancia cuando es médicamente necesario darle leche de fórmula. Tome ventaja de tener al bebé en su habitación para la mejor oportunidad de alimentarlo sobre demanda y tener el mejor inicio de su lactancia.

Capítulo 9

Su primera semana

Ya pasó el día uno. Ahora vamos por el día dos, tres y más. Lo alimentará con frecuencia. Es importante que sus senos se estimulen y se vacíen a menudo. Su bebé deberá mostrar señales de hambre y ser alimentado cuando menos de 8 a 12 veces en 24 horas. Recuerde no limitar las tomas del bebé. La lactancia debe ser buena y abundante.

Es especialmente importante tener a alguien que la atienda durante estos primeros días de maternidad. Será de gran beneficio tener a alguien que la consienta. He visto a muchas mamás tratar de hacer todo solas y agobiarse con todo. Es vital que le ayuden en su transición a la maternidad. Su compañero, familia y amigos deberán conocer que sus prioridades serán dormir, comer y alimentar a su nuevo bebé.

¡Tiene leche en los senos!

Para el segundo y tercer día de lactancia indudablemente tendrá preguntas y preocupaciones. Quizá hará algunas de estas preguntas:

➤ ¿Necesita algo mi bebé?

➤ ¿Mi bebé está comiendo suficiente?

➤ ¿Esto es leche materna?

➤ ¿Cuánto tiempo durará la lactancia?

➤ ¿Con qué frecuencia voy a alimentarlo?

Recuerde que su bebé está tomando calostro desde el principio de la lactancia. El calostro *es* leche materna. El poder de su pequeña cantidad no se subestima. En algún momento entre el día dos y el tres, aumentará la cantidad o el volumen de su leche. Alimentarlo cada dos o tres horas día y noche ayudará a que esto suceda. Las mamás a menudo dicen que les *baja la leche* cuando la cantidad de leche aumenta. No se preocupe porque antes no había, lo que sucede es que ahora puede sentirla. Sus senos están más llenos y más pesados conforme las células de los senos producen y secretan más leche.

El color de la leche materna cambia del calostro amarillento a un líquido blanco muy parecido a la leche condensada. En realidad puede apretar los senos para ver la leche. El agua conforma una gran parte de la cantidad de su leche.

El volumen de leche aumentará como resultado de las tomas frecuentes. Estas primeras tomas pueden llevarle mucho tiempo. Está aprendiendo a amamantar, y su bebé a ser amamantado. Tómese tiempo y sea paciente. Espere que su lactancia para ambos senos dure entre 30 y 50 minutos. El bebé soltará el seno o se quedará dormido cuando esté satisfecho. Con los senos más llenos de leche y más pesados, permita que su bebé coma durante el tiempo suficiente para vaciarlos. Al final de cada toma sentirá los senos más suaves que cuando empezó.

Cuando aumenta el volumen de la leche también cambiará el patrón de alimentación de su bebé. Deberá escucharlo tragar más. Esto le confirmará que el bebé está comiendo. La succión y la liberación de la leche harán que el bebé degluta; escuche sus tragos que le dicen que ya tiene leche en los senos.

El bebé también aprenderá a coordinar la alimentación y la respiración. Puede tragar algo de aire. Ocasionalmente su bebé se retirará del seno tosiendo porque trató de tragar y respirar al mismo tiempo. Cálmelo y ayúdele a asirse de su pecho otra vez. Es importante que le saque el aire después de cada toma. Ofrezca ambos senos para estar segura de que el bebé tiene el estómago lleno. Ambos senos se beneficiarán de la succión y el vaciado. En ocasiones un bebé prefiere un seno en vez del otro. Está bien que tenga un lado favorito.

¿Cuánta leche está tomando mi bebé?

¿Pero en realidad cuánto come un bebé? No puede ver el interior de sus senos para saber cuánto ha tomado. Ésta es la preocupación más grande de una nueva mamá sobre la lactancia. Bueno, el estómago de un bebé recién nacido es del tamaño de una pelota de ping-pong o golf. Si medimos esa cantidad, está en algún punto entre una y tres onzas. El bebé succionará sus senos hasta llenar su estómago. Así que eso significa entre una y tres onzas.

No es raro que un bebé pierda peso en los primeros días de nacido, espere que esto suceda. Un bebé recién nacido puede perder hasta 10 por ciento de su peso al nacer. La mayor parte se debe a la pérdida de líquidos y el exceso que debe desecharse. El agua se evapora de su piel, va a orinar y también tendrá su primera evacuación, llamada meconium. Esta pérdida de líquidos significa menos peso en la báscula, pero en dos o tres semanas habrá recuperado el peso. Tenga paciencia y no se asuste. La lactancia adecuada con leche materna ayuda al bebé a recuperar su peso.

Para el segundo o tercer día, en el hospital o centro obstétrico, pida que la vea un profesional con experiencia en lactancia. Esta persona puede observar a su bebé mientras come de su pecho y puede ofrecer consejos y ayuda para asegurar su habilidad de producir leche y amamantar. Si no hay una persona disponible, pida ayuda a su médico o a otro proveedor del cuidado de la salud. Pregunte sobre las señales para determinar si el volumen de su leche aumentó o aumentará. Consiga seguridad y respuestas a sus preguntas antes de ir a casa con el bebé. Es lógico que la nueva mamá se preocupe, en especial cuando se trata de alimentar al bebé con leche materna. Necesita que le reafirmen que tiene leche en los senos y que su bebé se está alimentando. Pregunte al médico del bebé sobre el control de peso y los servicios de lactancia disponibles durante su primera semana.

Algunos bebés duermen mucho durante las primeras 24 a 72 horas después del parto. Después de todo, también para el bebé es un esfuerzo enorme. Si se usaron medicamentos o anestesia durante el trabajo de parto, el bebé puede dormir todavía más. Es como estar agotado después de un viaje. Puede llevarle varios días de sueño. Necesitará ayudar para despertar a un bebé dormilón si duerme más de cuatro horas. Desvístalo o cambie su pañal. Pásele una toalla húmeda suavemente por la cara o frótele la planta de los pies. Si su bebé es dormilón y no succiona los senos en forma eficaz durante las primeras 24 horas, vacíe sus senos con un tira leche médico de pistón. Deberá usarlo después de cada intento de alimentarlo para estimular y vaciar la leche de los senos.

Entre 48 y 72 horas se le dará de alta para ir a casa, dependiendo de su tipo de parto. ¿Adivine qué? Su leche debe "bajar" casi al mismo tiempo. Con una cantidad mayor de leche necesitará alimentar al bebé más seguido. Si no vacía los senos de esta leche con frecuencia y de manera eficaz puede ocasionarse un congestionamiento. Deberá usar un tira leche eléctrico de pistón si no se vacían después de cada toma. Deberá continuar sacando la leche con el tira leche después de cada toma si tiene un bebé dormilón. Consulte el al capítulo 21, "¡Mis senos están enormes!" sobre congestionamiento.

Grandes expectativas

El hecho de ser enviada a casa puede juntarse con muchas confusiones. No más cuidado en la cama mañana, tarde y noche. El pánico se puede apoderar de usted. ¿Puedo realmente hacer esto yo sola? ¿Hay alguien cerca que me ayude y me diga si lo estoy haciendo bien? Para algunas mamás puede ser navegar en aguas tranquilas, mientras que otras pueden necesitar un bote, remos y un chaleco salvavidas para permanecer a flote. Veamos qué esperar de la lactancia una vez que está de vuelta en casa.

Al llegar al hogar está sola. No vendrá el médico a verla temprano por la mañana. Puede dormir. Puede comer lo que guste. No hay luces nocturnas ni timbres. Nadie en la cama de junto hablando hasta por los codos. ¡Qué alivio! Pero estar sola puede dar temor y depresión. Ahí es donde en realidad requiere estar preparada y tener todos sus recursos a la mano.

Primero que todo, espere sentirse cansada. Probablemente no descansó o durmió bien en el hospital. Su bebé tiene muchas necesidades. La lactancia es una de ellas. Ser mamá nueva todo el día es agotador. Reduzca sus tareas. Delegue todas las que pueda a familiares y amigos. Las prioridades para usted y para el bebé son comer, dormir y cambiar pañales. Usted cuida a su bebé y tiene a alguien que la cuide a usted. Lea de nuevo la oración anterior. Descanse y duerma todo lo que su cuerpo le diga que necesita.

Espere alimentar al bebé cuando menos cada dos o tres horas. Algunos bebés pueden agrupar sus comidas. Esto significa tomas con una hora de diferencia y luego quizá una pausa de tres horas. Las comidas agrupadas ocurren especialmente por la noche. La hormona productora de leche, prolactina, puede ser más alta por la noche y esto significa que produce más leche. Si el bebé se da cuenta de esto, ¡tenga abierto el restaurante toda la noche!

Espere que las sesiones de comida del bebé duren entre 20 y 45 minutos. Algunos bebés comen rápido, otros pueden "saborear" los senos. Se toman su tiempo para disfrutar realmente la comida. Recuerde tener paciencia y dejar que su bebé aprenda a dominar la lactancia.

Las tomas y el vaciado frecuente de sus senos ayudarán a evitar o prevenir que se desarrolle un *congestionamiento*. Los senos llenos son normales, un congestionamiento no lo es y puede presentar un problema para usted y para el bebé. Un congestionamiento es inflamación de los senos por causa de exceso de fluidos en la glándula mamaria. Estos fluidos incluyen su leche materna, el suministro de sangre y linfa. Si llegara a tener un congestionamiento, será entre el día cuatro y el cinco. Consulte el capítulo 21 para mayor información sobre cómo atender este problema.

Es normal que se preocupe por saber si el bebé está comiendo suficiente durante esta primera semana. Toda mamá en lactancia se hace esta pregunta. El bebé deberá sentir hambre al principio de una toma y quedarse prácticamente inconsciente cuando esté satisfecho. Un amigo llama a esto "coma alimenticio". Son voraces, comen y luego se quedan profundamente dormidos. Ésa es la mejor señal de que el bebé comió suficiente.

Medidas del éxito

Al pasar por esta primera semana de lactancia, es probable que busque retroalimentación. Necesitará señales de que las cosas van por buen camino. Querrá resultados a sus esfuerzos hasta el momento. Su pérdida de sueño, las tomas frecuentes y los cambios de pañales. ¿Estoy haciéndolo bien?, se preguntará seguramente.

Las siguientes son señales de retroalimentación:

➤ Orina

➤ Evacuación

➤ Aumento de peso

¡Le apuesto que nunca pensó que se volvería una experta en popó y pipí! Bueno, la verdad es que todas son medidas de su éxito. Lo que entra debe salir. ¡Todo está en el pañal!

La pipí

Cuando se trata de la orina del bebé, hay una cuenta básica de pañales mojados. El bebé deberá tener un pañal mojado por cada día de edad. Por ejemplo, uno el día uno, dos el día dos y así sucesivamente. Una vez que aumente su producción de leche, deberá ver entre cinco y seis pañales de tela mojados a partir del quinto día. Los pañales desechables superabsorbentes por lo general retienen más la humedad. Esto puede cambiar su cuenta de pañales mojados a entre tres y cuatro.

Los pañales mojados indican que el bebé está comiendo suficiente. También significa que usted tiene un buen suministro de leche.

La popó

La popó también requiere de números. Su bebé deberá tener cuando menos dos o más evacuaciones por día. Esto sucede después de los cuatro o cinco días de edad. La leche materna, fresca y tibia, estimula la digestión. Se absorbe rápida y fácilmente desde el estómago. Digestión significa estimulación a los intestinos para vaciarse. Y como resultado tenemos la popó.

Las tomas frecuentes, por lo general, dan como resultado evacuaciones frecuentes. No es raro que el bebé tenga evacuaciones cada vez que coma. Si lo alimenta entre 8 y 12 veces al día, ¿adivine cuántos pañales tendrá que cambiar? Aunque algunos bebés pueden tener evacuaciones sólo cada tercer día. Esto no es un problema siempre y cuando sea una evacuación normal de leche materna.

Tengo que hablarle de color y textura. Sí, estoy hablando de popó. Tiene que saberlo para que no piense que hay algo mal. La primera evacuación del bebé es meconium. Es el material que queda como resultado de la formación del tracto intestinal. Es verdoso, oscuro, casi negro y muy pegajoso, como brea. La buena noticia es que ¡no huele! El paso de esta primera evacuación ayuda a reducir la posibilidad de que el bebé desarrolle *ictericia*. Muchas tomas de leche materna ayudan a que esto suceda.

El meconium continúa pasando hasta el tercer o cuarto día. Una vez que aumenta su suministro de leche, cambian el color y la textura de la evacuación. La popó se vuelve menos densa y de color verde amarillento. Puede tener la consistencia de sopa de chícharos o un poco de grumos de requesón. Mi sobrino dice que parece mostaza mezclada con queso cottage. Es una popó normal para un bebé alimentado con leche materna. Para el séptimo día, la evacuación es poco densa, grumosa y amarillenta. No confunda la consistencia poco densa con diarrea. La diarrea es prácticamente agua. La popó de leche materna es líquida, pero no como agua.

El aumento de peso de su bebé

La última medida de que su lactancia tiene éxito es el peso del bebé. Recuerde que es normal que el bebé pierda peso después de nacer. Espere esto. Una vez que aumente su producción de leche, el agua y los componentes grasos le ayudarán a recuperar su peso. La grasa ayuda a satisfacer el apetito del bebé.

El aumento de peso del bebé es una buena medida del éxito de su lactancia. Su bebé deberá recuperar el peso con el que nació en dos o tres semanas. Algunos padres no pueden esperar tanto. Puede confirmarlo si pesa al bebé el tercer o cuarto día.

Capítulo 10

Las siguientes tres semanas

¡Bien hecho! Vale la pena celebrar haber pasado la primera semana, que es el desafío más grande para la mayoría de las nuevas mamás. Si es mamá primeriza o si es ya veterana, un nuevo bebé trae muchos cambios en su vida. No sólo le ocupa mejorar sus habilidades de lactancia sino también las habilidades de ser mamá.

Quizá hubo lágrimas o momentos de frustración. También tendrá muchas preguntas y preocupaciones durante las siguientes tres semanas. Este capítulo repasará todos los aspectos de la lactancia durante ese periodo. Revisaremos posturas y patrones de lactancia, y veremos los cambios en el crecimiento y desarrollo de su bebé. Así mismo, seguiremos asesorándola con la lactancia de su bebé.

¿Cómo va?

Los siguientes 21 días de su lactancia son muy importantes. Es el momento de programar su organismo para la cantidad y calidad de leche requeridas. También es una etapa muy en focada en el crecimiento y desarrollo del bebé. Las tomas frecuentes y su amor y atención ayudarán a satisfacer las necesidades del bebé en esta etapa.

En este punto puede sentir que todo lo que hace es comer, alimentar al bebé, dormir y cambiar pañales. Bueno, tiene razón. ¿Recuerda las necesidades humanas básicas que comentamos al principio de este libro? El alimento, el sueño y el refugio se encuentran entre las principales. La lactancia proporciona a su bebé líquido nutritivo y un estómago satisfecho. Brindarle un lugar cálido y acariciarlo le da la oportunidad de dormir profundamente después de una comida satisfactoria.

El factor frecuencia

Creo que es importante repetir que las tomas frecuentes son muy normales. Cada vez que el bebé succiona estimula sus senos, ocasiona la producción de leche y la liberación de hormonas. Esta señal ayuda a establecer su suministro de leche de aquí en adelante y una buena producción de leche ayuda al crecimiento y desarrollo del bebé. Es muy normal en esta etapa que el bebé quiera comer cada dos o tres horas.

Esta frecuencia de tomas continúa todo el día. No espere que el bebé duerma toda la noche. En esta etapa no es bueno que lo haga. Es necesario satisfacer su demanda de alimento mañana, tarde y noche. Recuerde que su estómago no tiene mucha capacidad y que las tomas pueden agruparse especialmente durante la noche.

Probablemente su pregunta más importante ahora es: "¿cuándo va a dormir toda la noche?" No espere que esto suceda hasta después del primer mes. Para algunos bebés pueden pasar dos o tres meses antes de que duerman entre cinco y seis horas por la noche. El peso del cuerpo, la capacidad del estómago y los niveles de azúcar en la sangre juegan un papel muy importante en los patrones de sueño del bebé.

Revise la forma en que come su bebé

Es importante revisar de nuevo la forma en la que el bebé come de sus senos. Debido a las tomas frecuentes, es útil asegurar que la forma en que succiona es correcta. Si no es así, puede ocasionar irritación e incomodidad. La lactancia incómoda le desanima a continuar.

En este punto, dedique tiempo durante cada toma a observar lo siguiente:

➤ Boca bien abierta

➤ Labios sellados alrededor de la areola

➤ Pezón y areola centrados en la boca

➤ Nariz y barbilla tocando el seno

➤ Oreja, hombro y cadera alineados

Con cada toma el bebé deberá abrir la boca grande y sellar sus labios alrededor de casi toda la areola. El pezón debe estar centrado en su boca. El bebé succiona el seno para adentro, jalando el pezón hacia la parte de atrás de su garganta. Sus quijadas se comprimen y la lengua jala u "ordeña" el seno. Cuando la leche llega a la parte de atrás de la boca, el bebé traga.

Deberá sentir las encías del bebé presionando su areola. Si siente que es el pezón el que está presionado, separe al bebé y colóquelo de nuevo. La lengua del bebé debe jalar el pezón suavemente hasta la parte de atrás de su boca. También deberá sentir la lengua del bebé dando masaje alrededor de su seno. Amamantar a un bebé debe crear un buen "tirón" en el seno.

El bebé se desprenderá de su seno cuando haya terminado de alimentarse. Soltar el seno o quedarse dormido significa "ya terminé". No vea el reloj en cada toma. Por lo general, una toma normal dura entre 10 y 20 minutos durante esta etapa. Algunos bebés tardan más tiempo asidos al pecho. Recuerde tener paciencia y dar tiempo al bebé para mejorar sus habilidades de lactancia.

Verifique su posición y postura

Es buena idea ver de nuevo las posturas para la lactancia. Éstas son como sigue:

➤ Como cuna

➤ Atravesada en la cuna

➤ Como nido o balón de fútbol americano

➤ De costado

Debe intentar todas estas posturas para variar la forma en que su bebé vacía la leche de sus senos. Imagine que divide su seno en cuatro secciones. Estas posturas ayudan a estimular y vaciar cada sección, dependiendo de cómo sostiene al bebé. Si siente muy llena un área particular del seno, use una postura que coloque la nariz del bebé hacia esa zona.

Observe su postura. Elija un lugar adecuado, como una silla, un sillón o una cama donde tenga apoyo para la espalda y los hombros mientras alimenta al bebé. Con frecuencia una mala postura resulta en dolor de hombros y de la parte alta de la espalda. Cuando alimente a su bebé con leche materna, sus hombros deben estar relajados y hacia atrás. Coloque suficientes almohadas a su alrededor para apoyar los brazos, la espalda y los hombros. Si encuentra una almohada diseñada para lactancia, úsela. Siempre suba al bebé hasta el nivel de sus senos.

¿Y de qué color es?

¡Espero llamar su atención! En esta etapa, el color de la leche cambia a blanco. Puede distinguirse de la leche de vaca por su apariencia azul grisácea. Si hasta ahora ha tenido que extraerse leche, notará que la grasa se separa y se queda en la superficie. La leche de vaca que se encuentra en las tiendas está homogeneizada y no se separa.

La leche materna también puede dividirse en dos tipos: primera o calostro, y leche posterior. La *primera leche* se produce rápidamente al principio de la toma. Puede ser delgada y acuosa porque consta principalmente de agua. Ésta ayuda a calmar la sed del bebé al principio de su comida. La *leche posterior* se produce más adelante en la toma, debido a que los grumos de grasa se tardan más tiempo en prepararse. Por ello es importante dejar que el bebé succione todo el tiempo que desee. La grasa ayuda a satisfacer su apetito y mantiene al bebé contento entre comidas.

¿Cuánta leche está tomando su bebé?

¿Cuánta, cuánta, cuánta? Toda mamá se hace esta pregunta. Dependemos tanto de las cantidades visuales que se nos hace difícil depender de sensaciones o instintos. No puede ver el interior de sus senos o el estómago del bebé para saber cuánta leche produce.

En este punto un bebé puede consumir entre dos y tres onzas en cada toma. Si el número de pañales mojados y con popó no es suficiente para tranquilizarla y está preocupada por la cantidad, entonces puede considerar lo siguiente:

➤ Pesar al bebé.

➤ Recolectar su leche materna.

La mayoría de los bebés tienen una visita programada al médico para la primera semana de vida. Puede pesar al bebé en el consultorio del doctor cada semana durante la lactancia. Una gran medida de cantidad es pesar al bebé antes y después de alimentarlo. Necesitará usar una báscula que pueda medir en onzas. Esto le indicará a su médico y a usted cuántas onzas consumió en cada toma en la lactancia.

También puede considerar el uso de un tira leche. Esté consciente de que sacar leche con un tira leche no es igual a lo que su bebé consume en cada toma. El apetito del bebé determina cuánta leche consume. Extraerse la leche después de una toma o entre comidas puede brindarle seguridad. Si elige llevarlo a cabo, un tira leche eléctrico de pistón es la mejor opción, porque se parece bastante al patrón de succión del bebé. Consulte los capítulos 11, "Extraiga su propia leche" y 12, "Recolección y almacenamiento" sobre cómo sacar leche y usar un tira leche.

Piloto automático

La lactancia debe convertirse en un patrón sencillo para la segunda, tercera y cuarta semanas. Podrá hacer planes y lograr tareas sencillas si identifica el patrón de alimentación del bebé. ¿Le gusta comer mucho en la mañana? ¿Duerme bastante por la tarde? Cuando dice sí a la mayoría de lo siguiente, es el momento de considerar un piloto automático:

➤ Mi bebé despierta para comer entre 8 y 12 veces en 24 horas.

➤ Mi bebé se pega muy bien a mi pecho.

➤ Mi bebé come de uno o ambos senos.

➤ La lactancia no duele.

➤ Mi bebé está satisfecho después de cada toma.

➤ Mi bebé tiene cuatro o más evacuaciones al día.

➤ Mi bebé tiene cinco o más pañales mojados al día.

➤ Mi bebé recuperó el peso perdido entre dos y tres semanas.

Si dijo "no" a dos o más, puede no ser el momento del piloto automático. Todavía no puede sentarse, relajarse y sólo esperar. Probablemente debe oprimir el botón de "ayuda" para conectarse con uno de sus recursos profesionales. Su mejor apoyo es el profesional en lactancia capaz de identificar y ayudar a resolver sus preocupaciones sobre el tema.

Sentirse cómoda con la lactancia significa que puede añadir una o dos actividades a sus labores básicas. Tal vez le gustaría preparar una comida o quizá lavar algo de ropa. ¿Qué tal una buena y larga ducha? Invite a una amiga a que escuche su historia del parto y los retos de ser mamá. Tome con calma su nueva tarea o recompensa, así como la lactancia.

A la calle

Si el piloto automático va bien, puede considerar salir. Sí, salga para cambiar de escenario, tomar aire fresco o visitar a una vecina. Salir puede hacer una gran diferencia en la forma en la que se siente sobre sí misma y sobre ser nueva mamá. La lactancia puede desafiar su bienestar mental y físico. Un descanso en la rutina la hará sentirse mucho mejor y renovar su compromiso con la lactancia.

Es importante que sus primeras salidas sean sencillas, el solo hecho de salir de casa produce cansancio. Si lo hace demasiado puede sentirse agotada. Recuerde que su bebé tal vez quiera comer mientras usted está fuera. Las cosas y los sonidos extraños pueden estimular en el bebé la necesidad de comer. Al principio puede sentir que hay algo diferente y busca su pecho por comodidad y seguridad.

Si salir requiere transporte, vea si alguien puede conducir. Eso la libera para atender al bebé. Verifique con su médico cuándo puede conducir un auto. Asegúrese de que el bebé esté colocado en una silla para auto adecuada. Bajo ninguna circunstancia alimente al bebé mientras el auto esté en movimiento. Un bebé puede ser impulsado fuera de sus brazos en segundos. Si el bebé tiene hambre o está inquieto, use un dedo para calmarlo hasta que el vehículo se haya detenido completamente.

Crecimiento repentino

Es muy normal que el bebé necesite más tomas de lo usual. A esto se le llama crecimiento repentino. La demanda de calorías aumenta porque el cuerpo está creciendo. Puede ocurrir entre las dos y tres semanas de vida, y de nuevo entre las cuatro y las seis semanas. Su bebé mostrará señales familiares de alimentación, así como llorar por hambre. Es normal que el bebé emprenda un "maratón" de comidas. Esto durará entre uno y tres días.

El bebé puede estar especialmente inquieto durante este crecimiento repentino, sobre todo durante las primeras horas de la noche. El bebé llorará por hambre, cansancio, soledad o aburrimiento. El aumento de apetito puede incrementar el llanto del bebé para alertarla de que tiene hambre. Intente estas cosas con un bebé inquieto:

1. Alimente y conforte al bebé con leche materna.

2. Sáquele el aire con frecuencia.

3. Envuélvalo cómodamente con una frazada ligera.

4. Cárguelo en un cabestrillo.

5. Trate de pasear, mecer o columpiar al bebé.

6. Ponga algo de sonido ambiental de un radio, una grabadora o el sonido de un aparato eléctrico.

Muchas mamás interpretan el llanto y la inquietud como que algo está mal. Justo cuando identificó ya el patrón de alimentación del bebé, tendrá hambre cuando menos se lo espera. No se preocupe. Más tomas van a satisfacer la necesidad del bebé. Unos cuantos días de más tomas ayudan a satisfacer este crecimiento.

Capítulo 11

Extraiga su propia leche

La emoción que sentirá al ver su propia leche es un suceso importante. No encontrará palabras para expresar su alegría. Llamará a todos en la casa, tal vez a todo el vecindario. Extraerse la leche en más de una forma ciertamente fomentará la producción de la misma.

Extracción de leche

Cuando se establezca un suministro bueno de leche puede empezar a extraérsela usted misma, por lo general entre tres y cuatro semanas después de que comenzó la lactancia. Sin embargo, si su lactancia se demoró más de cuatro horas después de dar a luz, es vital que empiece a extraerse la leche lo más pronto posible. También existen ciertas circunstancias que requieren que se extraiga leche durante las primeras dos semanas después del parto. Éstas incluyen lo siguiente:

➤ Problemas en la lactancia.

➤ El bebé no puede succionar de los senos.

➤ Poca producción de leche.

➤ Separación de su bebé.

En capítulos posteriores discutiré los diferentes problemas de la lactancia, como pezones irritados, congestionamiento y mastitis, los cuales pueden alterar o impedir la estimulación y el vaciado efectivos de sus senos. Alterar o impedir la estimulación y el vaciado afectarán su producción de leche. Los problemas de la lactancia con frecuencia se tratan y se resuelven en combinación con la extracción de leche de los senos.

Cuando su bebé en realidad no puede succionar de los senos, tendrá que extraerse la leche por otros medios, para establecer un suministro. Los bebés prematuros y hospitalizados quizá no puedan succionar en forma efectiva. Está comprobado que para estos bebés la leche materna es vital para su salud y bienestar. Algunos bebés nacen con cierta condición médica que les impide succionar, pero siempre se benefician de la leche materna que usted pueda brindarles.

Un pequeño porcentaje de mujeres experimenta verdaderamente poca producción de leche. Aunque no es raro que se preocupe por la cantidad que produce. Un profesional en lactancia puede ayudarle a determinar si su suministro de leche es adecuado. Si tiene poca producción de leche, sacarla con un tira leche por lo general remedia la situación. La ley básica de *la oferta y la demanda* significa que estimular y vaciar sus senos ayuda a aumentar y mantener su producción de leche. Es una solución sencilla si no produce suficiente. La demanda y el vaciado con frecuencia aumentará su producción.

La separación de su bebé, incluso por una sola toma, significa que deberá planear sacarse la leche. Si su bebé tiene menos de cuatro meses de edad, necesitará sacarse leche cuando menos en intervalos de cada tres o cuatro horas. Ésta es la mejor forma de mantener su producción. Si pierde o retrasa una "sesión de extracción", retome sus intervalos de tres o cuatro horas lo más pronto posible.

Extracción mecánica

La palabra "mecánico" significa producir u operar mediante una máquina. Extraer la leche de sus senos mecánicamente significa que usa un tira leche. Los tira leche para vaciar los senos se han vuelto muy populares con los años para las mamás que alimentan a sus hijos con leche materna. Existen varias razones para esto. Un tira leche puede estimular la succión y el ritmo que usa su bebé cuando succiona de sus senos, lo cual es vital para crear estimulación y liberación de hormonas. El tira leche le ofrece una fuente mecánica de vaciado y ritmo para extraer su leche materna y esto proporciona un medio confiable de sacarla si no quiere o no puede hacerlo usted manualmente.

La mayoría de las mamás eligen un tira leche mecánico para su extracción. Puede crear un vacío parecido a la succión del bebé. También puede programar en ciclos el vaciado para que sea igual al ritmo que usa su bebé. Combinar la extracción mecánica con ciclos crea el mismo patrón de succión del bebé. Lo que está haciendo es engañar a los senos al crear una sensación parecida a la que ejerce el bebé.

En el capítulo 6, "Herramientas del oficio", mencioné diferentes tipos de tira leche. Sin embargo, sería bueno un repaso. Necesita entender la diferencia entre los tira leche a fin de elegir el adecuado para usted. Deberá hacer que concuerde con sus circunstancias para que la extracción mecánica tenga éxito.

La extracción mecánica de leche de los senos puede hacerse con cualquiera de los siguientes tira leche:

➤ Tira leche hospitalario de pistón

➤ Tira leche eléctrico

➤ Tira leche de baterías

➤ Tira leche manual

Cada uno de éstos proporciona la mecánica para la extracción de leche. El vacío se crea mecánicamente. Este vacío se aplica al seno colocando un dispositivo sobre su seno. El control de vacío le permite ajustar la cantidad de succión que aplica a los senos. La frecuencia de la aplicación de vacío es la clave para su éxito con la extracción mecánica de leche.

Elegir un tira leche

Su mejor tira leche es aquel que le permite ajustar la cantidad y la frecuencia de vacío. La frecuencia o el ciclo de vacío deben ser iguales a la frecuencia de su bebé. Al principio de una toma, el bebé succiona entre 50 y 90 veces por minuto. Esto disminuye cuando se da la liberación de leche. Antes de usar un tira leche, es útil sentir y observar el patrón de succión de su bebé.

El tira leche hospitalario de pistón funciona prácticamente igual que el bebé y se encuentra en la mayoría de los hospitales y clínicas de seguimiento. Este tipo de tira leche es durable y está diseñado para varias usuarias. Cada usuaria debe tener un paquete individual de recolección, lo cual evita contaminación y mantiene la higiene personal. Ésta sería la mejor opción de tira leche si experimenta cualquiera de las siguiente situaciones:

➤ Detecta un problema de lactancia durante su primer mes.

➤ Necesita sacarse leche para un bebé prematuro u hospitalizado.

➤ Experimenta baja producción de leche en cualquier momento durante la lactancia.

➤ No puede alimentarlo dos o más veces durante dos o más días.

➤ Nunca ha usado un tira leche.

Recolección de leche

Los tira leche eléctricos diseñados para una sola persona por lo general incluyen un paquete de recolección. Este tipo de tira leche se diseñó para una mamá cuya producción de leche está bien establecida. Elija este tira leche si ya está amamantando cómodamente por tres o cuatro semanas. No utilice un tira leche eléctrico que ya ha sido usado por otra persona. La contaminación bacteriana o viral pone en riesgo su salud y la de su bebé.

Puede usar un tira leche de baterías si necesita vaciar sus senos una o dos veces a la semana, en cuanto se establece su producción de leche. La mayoría de los tira leche de baterías puede sólo programar ciclos de 8 a 10 frecuencias por minuto. Compare esto con el rango de 30 a 60 del tira leche eléctrico o el hospitalario de pistón. Esto limita la estimulación y puede dar como resultado que la recolección de leche sea muy escasa.

En el tira leche manual usted es la fuente de poder. Su mano opera la manija o bomba para crear el vacío y también puede controlar los ciclos. Con práctica, puede encontrar que éste es un tira leche conveniente y fácil de usar, pero es para uso ocasional. Sin necesidad de electricidad o baterías, es muy portátil. Aunque puede ser que se canse de bombear o exprimir y que le lleve entre 20 y 30 minutos extraer su leche.

Recolección manual

Siempre es posible sacarse la leche usando sus manos. Esta técnica se conoce como recolección manual. Es una manera rápida y sencilla de sacarse leche de los senos. Si no tiene un tira leche o no tiene acceso a una fuente de poder, la recolección manual puede convertirse en su fuente. ¡Lo único que necesita son sus manos!

La mejor manera de extraer la leche manualmente de sus senos es imitar el patrón de succión de su bebé. El bebé estimula los senos con la boca aplicando succión y masaje. La quijada comprime los senos lácteos. La estimulación del pezón

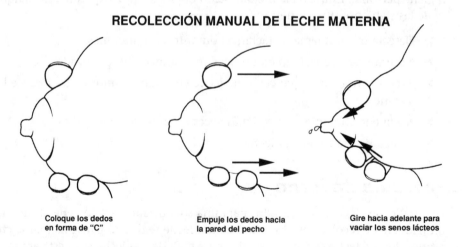

RECOLECCIÓN MANUAL DE LECHE MATERNA

Coloque los dedos
en forma de "C"

Empuje los dedos hacia
la pared del pecho

Gire hacia adelante para
vaciar los senos lácteos

Extracción de leche de forma manual.

y la areola también provoca liberación de hormonas. Entonces la leche se produce y se libera con estas hormonas presentes.

Para comenzar la recolección manual, primero debe usar las manos y dar un masaje suave a su seno, lo cual ayudará a que baje la leche. Coloque ambas manos alrededor de un seno y dé masaje suave con todos los dedos. Frote en dirección al pezón.

Luego coloque el pulgar arriba de la areola, y los dedos índice y medio debajo, como a una pulgada y media (3.75 cm.) del pezón. Ahí es donde se localizan los senos lácteos. Presione los dedos hacia el pecho. Luego exprima mientras levanta el pezón hacia fuera. Mantenga los dedos colocados sobre los senos lácteos. Los dedos no deben deslizarse sobre el pezón.

Como con cualquier habilidad nueva, varias sesiones de práctica le ayudarán a mejorar su técnica. Si lo desea, practique la recolección manual mientras su bebé está succionando. Hágalo en el lado libre mientras su bebé estimula el otro. Coloque una toalla o pañal de tela debajo del seno para que ahí caiga la leche. También puede practicar en la ducha, ya que el agua caliente da masaje a sus senos y ayuda a estimular la salida.

Una vez que lo logre, gire la posición de sus dedos alrededor de la areola para vaciar otros senos lácteos. Sostenga un recipiente como un plato hondo o una taza debajo del seno para recolectar la leche. Cambie de un seno al otro cuando disminuya el flujo de leche. Esto ayuda a recolectar cantidades mayores. También puede ahorrar tiempo recolectando leche de ambos senos al mismo tiempo. Tenga dos recipientes colocados sobre una mesa frente a usted. La recolección manual puede llevarle entre 20 y 30 minutos.

Recolección creativa

Existen otras formas en que usted puede expresar sus sentimientos cuando se trata de recolectar la leche materna. Estoy hablando de decir al mundo cómo se hace. Algunas mamás sienten que es útil escribir o hablar sobre recolección de leche materna. Después de todo, es algo sorprendente y que debe reconocerse.

Puede expresarse por escrito a través de un artículo en un diario, un libro sobre bebés o sólo llevando un registro en una hoja de papel. Ayuda mirar sus anotaciones, especialmente cuando tuvo un día un tanto difícil. También es entretenido leerlas cuando su bebé ya creció y quiere saber qué es la lactancia. Así mismo, puede encontrar un sitio para conversar en línea por medio de Internet y compartir con otras mamás en su misma situación. Esto puede ser muy útil, sobre todo si se está sacando leche para un bebé prematuro u hospitalizado.

Hable o comparta con alguien sobre la extracción de la leche materna. En realidad esto puede ayudar a mejorar su autoestima y a brindarle el apoyo que requiere. También se beneficiará de otra mamá que se extrae leche con el mismo método que usted. Si ambas usan la recolección manual, podría compartir sus experiencias y discutir cualquier preocupación particular que pudiera tener. Recolectar leche junto con otra mamá podría ser útil. He aprendido mucho de mis pacientes discutiendo y observando sus métodos particulares para extraerse leche. ¡El solo hecho de hablar sobre una nueva habilidad tiende a mejorar la técnica de cualquier persona!

Capítulo 12

Recolección y almacenamiento

Ahora que ya conoce diferentes técnicas para extraerse la leche, está preparada para empezar su recolección. Se sentirá más segura con una provisión suficiente de leche. Si tiene planes de regresar a trabajar, querrá recolectar una vasta cantidad durante las primeras semanas de lactancia.

Su provisión de respaldo le dará la oportunidad de salir mientras otra persona cuida al bebé. Quizá su esposo o compañero quiera ayudar con la alimentación del bebé. Tal vez la abuela o el abuelo querrán hacer los honores. La leche materna es el alimento favorito de su bebé y tenerla almacenada le da bastante seguridad. La leche almacenada puede también usarse con alimento sólido cuanto llegue el momento.

Recolección básica

Lo primero que hay que hacer con un producto recién comprado es leer las instrucciones. Si eligió un método mecánico para extraerse leche, tendrá que asegurarse que todas las partes estén completas y que el producto funciona bien. Coloque un dedo contra el puerto u orificio de un tira leche eléctrico para verificar que haga vacío. Si tiene un tira leche manual, coloque la válvula sobre una parte suave de su abdomen y hágalo funcionar. Deberá sentir el vacío.

Después de armar cualquier equipo de recolección que sea necesario, lave sus manos con agua y jabón. Puede usar un cepillo para limpiarse las uñas. Con un bebé en casa tendrá que lavarse las manos con mucha frecuencia. No necesita lavarse los senos o pezones antes de sacarse leche. Puede limpiarse los senos con agua y jabón en su baño diario.

Cuando se usa cualquier tira leche para recolección, necesitará un recipiente para recolectar la leche. Elija uno que sea fácil de manejar. Si va a hacer recolección manual, un tazón hondo funciona bien porque la leche se esparcirá en diferentes direcciones.

Si eligió un tira leche que le permite recolectar leche de ambos senos, sería más fácil que las primeras veces recolectara sólo de un lado. Recuerde, lo que se considera doble o dual es el paquete de recolección, no el tira leche. Se hace más fácil usar sólo uno de sus senos para aprender la habilidad de recolectar leche. Después de que dominó uno de los senos, añada el otro paquete de recolección para que sea doble. Esto le permite aplicar el vacío para recolección en ambos senos.

Asegúrese de que el *reborde* del *protector de senos* sea del tamaño adecuado para sus senos. Es importante que se ajuste bien. Hay que comprimir los senos lácteos igual que como hace su bebé. La mayoría de los rebordes de los protectores de senos quedan bien si tiene un tamaño estándar de busto. Recuerde que los senos vienen en todas formas y tamaños. Si tiene senos grandes puede necesitar un protector más grande. Si los tiene más pequeños, funciona bien insertar un dispositivo para reducir el tamaño del protector. Si tiene alguna pregunta hable con su profesional de lactancia.

Cuando use un tira leche para recolección, siempre centre el reborde del protector del seno sobre su pezón y areola. Use las manos para sostener y apoyar el seno igual que cuando alimenta a su bebé. También recuerde apoyar la espalda y los brazos

El protector de senos deberá colocarse adecuadamente sobre su pezón y areola.

(Fuente: Anne P. Mark)

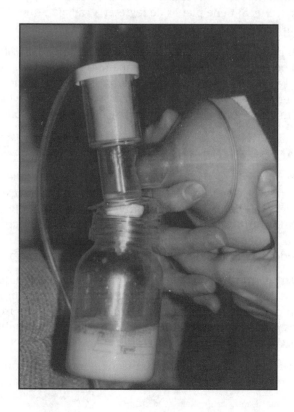

como lo hace cuando está con el bebé. Dé masaje a su seno, respire profundo y, lo más importante, ¡relájese! La tensión y las presiones impiden el flujo de leche. Cierre los ojos y piense en la sensación de su bebé succionando. Otras técnicas que ayudan con la liberación de leche incluyen escuchar música, ver una fotografía de su bebé o el olor de la ropa del bebé.

Después de extraerse la leche o usar un tira leche, lave y enjuague todo lo que ha tocado su pecho y la leche. Esto incluye cualquier parte de su paquete de recolección o la bomba misma que recolecta leche o su humedad. Es mejor leer las instrucciones del fabricante sobre limpieza para entender mejor. La mayoría de las partes pueden lavarse con agua caliente y jabón líquido para platos. Enjuague con agua limpia y tibia, y coloque todo sobre una toalla para que se seque. Si usted o su bebé tienen alguna condición médica especial, deberá esterilizar el paquete de recolección o el protector del seno. Revise el manual para ver si se recomienda lavarlo en una lavavajillas. No olvide lavarse las manos después de todo lo que se ha dicho y hecho.

El seno del tiempo

Su mejor momento para recolectar leche depende del patrón de alimentación que su bebé haya desarrollado. Puede empezar por sacarse leche después de que el bebé termine de comer. Al principio logrará sólo una onza o menos, pero la cantidad aumentará conforme se extraiga más seguido. Permita que esta extracción de leche se dé entre tres y cinco días. Su producción de leche aumentará mientras más estimule sus senos por medio de la lactancia y la recolección. Si su bebé duerme entre tres y cuatro horas puede intentar sacarse leche una hora y media antes de que despierte. En ocasiones temprano por la mañana después de haber dormido es un buen momento para recolectar leche.

Usted reduce al mínimo el tiempo de recolección cuando extrae leche de ambos senos simultáneamente. Si usa un tira leche y recolecta de ambos senos, le llevará 15 minutos o menos. Un seno a la vez con tira leche le llevará entre 15 y 20 minutos. La recolección manual tomará entre 20 y 30 minutos. Recuerde tomar el tiempo al principio. Sentirse presionada o contra el reloj puede aportar resultados decepcionantes.

Elegir recipientes

Recolectar su leche implica que ahora tiene la oportunidad de almacenarla. La leche materna debe manejarse y almacenarse igual que cualquier producto alimenticio perecedero. Existen diversos recipientes adecuados para almacenarla, algunos de los cuales incluyen los siguientes:

- ➤ Botellas de plástico   ➤ Recipientes de vidrio
- ➤ Bolsas de plástico   ➤ Recipientes para almacenar alimentos

81

Los dos tipos de botellas de plástico son de policarbonato y polipropileno. El plástico policarbonato es duro y transparente. Es su mejor elección en botellas si tiene planes de congelar su leche materna. Quizá pague un poco más por ellas pero vale la pena. El plástico polipropileno parece congelado y no es transparente. También es más suave y flexible. Cualquier tipo de botellas de plástico es adecuado para refrigeración o congelamiento.

Bolsas de congelador para almacenar leche materna.

(Fuente: Hollister, Inc.)

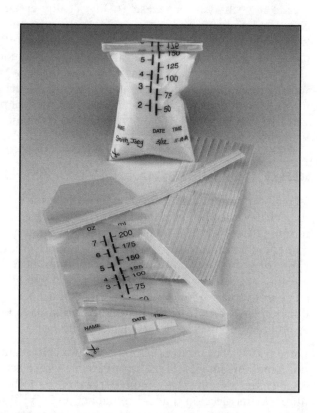

Puede usar bolsas de plástico como bolsas para congelar o bolsas desechables para biberones para almacenar la leche. Las de congelador específicas para leche materna son ideales, especialmente si va a recolectar varios recipientes y los va a almacenar. Las bolsas de congelador específicas para almacenar leche materna están hechas de polietileno plástico y nylon, lo cual las hace durables e impide que se revienten en condiciones de congelamiento. También impiden que el congelador las queme. Una bolsa de congelador diseñada para almacenar leche materna cuesta más. No confunda éstas con bolsas de plástico desechables para biberones. Estas bolsas desechables pueden usarse sólo si almacenará su leche en el refrigerador. Cuando use un tira leche, éste puede conectarse directamente a la bolsa de congelador o a la desechable.

El vidrio también es un recipiente adecuado para almacenar leche materna. La única desventaja es que puede romperse si se cae. También es más pesado si necesita cargar varios de estos recipientes de una vez.

Los recipientes para almacenar alimentos también funcionan bien para guardar leche materna. Estos recipientes pueden refrigerarse o colocarse en el congelador. Cualquier recipiente de alimentos con tapa hermética será suficiente. La desventaja de éstos es que necesita transferir la leche materna a otro recipiente cuando alimente a su bebé, lo cual por lo general significa vaciar la leche en una botella o taza y esto aumenta la oportunidad de contaminación o desperdicio de su leche.

Ubicación y caducidad

Tiene varias posibilidades de almacenar su leche materna. El lugar donde almacenará la leche depende de cuánto tiempo piense almacenarla. Existen varios lugares posibles para guardar la leche. Deberá considerar las cantidades que almacenará así como en qué forma se prepara para almacenarla.

Almacenamiento en el refrigerador

Puede guardar la leche materna en su refrigerador en cualquiera de los recipientes ya mencionados. Se conservará entre cinco y siete días a 39 °F (3.9 °C). Después de este tiempo deberá congelar o desechar la leche. Este lugar de almacenamiento funciona bien cuando planea usar la leche en unos cuantos días.

Es conveniente almacenar su leche en cantidades que el bebé ingiere en una sola toma. Almacene porciones de dos onzas si el bebé tiene menos de un mes de edad. Puede sacar la leche del refrigerador justo antes de usarla. Gradualmente, en un periodo de entre 5 y 10 minutos, caliente su leche materna a baño maría en un recipiente con agua. Agite suavemente la leche para mezclar la grasa que se ha ido a la superficie. No caliente la leche materna en horno de microondas o directamente sobre la estufa.

Almacenamiento en el congelador

La leche materna puede almacenarse en un congelador en cualquiera de los recipientes ya mencionados, excepto en las bolsas desechables para biberones. Si es posible, hágalo en un congelador con puerta separada del refrigerador. Puede almacenar la leche materna entre tres y cuatro meses. Un congelador de –20 °C o menos puede almacenar leche materna entre 6 y 12 meses.

Deberá almacenarla en cantidades que el bebé ingiere en una sola toma. Los bebés entre dos y cuatro meses consumen entre dos y cinco onzas en cada comida. Puede guardar en capas la leche congelada. Primero enfríe la leche en el refrigerador y luego puede agregarla a su leche congelada. No ponga leche caliente o tibia sobre leche congelada, para no derretir la leche que ya está congelada.

Use primero la leche con la fecha más antigua. Descongele un recipiente a la vez. Si necesita más, el otro se descongelará rápidamente. Puede derretir la leche congelada durante la noche en el refrigerador. También puede hacerse poniéndola debajo de la llave con agua caliente o colocándola en un recipiente con agua caliente. No caliente la leche materna en microondas o en la estufa. Una vez que la leche haya sido calentada, deseche cualquier cantidad que el bebé no haya consumido en una hora.

Almacenamiento en la hielera

Puede almacenar la leche materna en una hielera con hielo hasta por 24 horas. Ésta es una alternativa si no tiene disponible un refrigerador. También puede transportar la leche de un lugar a otro en una hielera.

Si va a usar la leche materna dentro de cuatro o seis horas, puede permanecer a temperatura ambiente de entre 66 y 72 °F (19 a 22 °C). La leche materna es muy estable comparada con la leche de fórmula para bebés. Sin embargo, se recomienda que la refrigere lo más pronto posible. La leche fresca y refrigerada es mejor para su bebé ya que conserva más anticuerpos que la leche congelada. Aunque siempre es preferible el uso de leche materna congelada sobre cualquier sustituto.

En ocasiones encontrará que la leche que se sacó puede tener olor o sabor desagradable. Esto lo ocasionan ciertas vitaminas y suplementos minerales. Si la grasa se separó, puede incluso oler un poco como a jabón. La enzima *lipasa* separa la grasa en la leche. El exceso de esta enzima separará la grasa y provocará el olor a jabón. Si ve que esto sucede, puede poner la leche sobre hielo antes de ponerla en el congelador, o sólo colóquela directamente en el congelador.

Capítulo 13

Su suministro de leche

Si usted es como la mayoría de las mamás, cuando se trate de producción de leche dudará si hay suficiente o demasiada. Preguntará qué hacer si no hay suficiente, qué hacer cuando sus senos estén demasiado llenos. Veamos lo que es producir muy poca y demasiada leche.

También es posible que desee saber sobre posibles remedios para mejorar cualquier suministro bajo o abundante de leche. Aprenderá más sobre hierbas y sus usos para la lactancia. Averigüe sobre bancos de leche humana y cómo y por qué ser donadora. Lea sobre tener más información para usted misma y para compartirla con otras mujeres.

Muy poca

Primero vamos a considerar una producción baja de leche. Hay varias razones y situaciones que pueden contribuir a una producción baja de leche materna. Recuerde que la producción adecuada es el resultado de qué tan efectivamente se estimule y qué tan eficazmente vacíe sus senos. Las palabras clave son efectividad y eficacia. Si usted o su bebé no estimulan sus senos lo suficiente y con la frecuencia apropiada, la señal necesaria para liberar la hormona se debilita y esto afectará su producción. Para aumentar una producción baja debe primero identificar la razón de la poca estimulación. Necesita mejorar la estimulación y puede complementarla con uno o varios remedios. Puede considerar la evaluación de un profesional de la lactancia. Esto le ayudará a determinar la razón de su baja producción de leche.

Si su suministro de leche es bajo durante los primeros días o la primera semana de lactancia, podría haber un par de razones. Quizá es que su bebé no está estimulando sus senos con efectividad. Los bebés dormilones, prematuros y bebés con ictericia no comen bien. También es posible que algo esté bloqueando la liberación de hormonas que producen la leche. Recuerde que el dolor puede interferir con la liberación de prolactina. También la tensión puede afectar el suministro.

Remedios caseros

En ocasiones puede mejorar una producción baja de leche con un cambio en su técnica de lactancia. Cuando el bebé empiece a tragar más despacio durante la toma, cámbielo y ofrezca el otro seno. Si el bebé está dormido, trate de despertarlo sacándole el aire antes de ofrecer el otro seno. Trate de darse masaje en los senos mientras está amamantando. Practique respiraciones profundas y ejercicios de relajación. Un buen masaje en los hombros durante la toma puede eliminar sus tensiones.

Otro remedio es usar un tira leche para aumentar la estimulación y el vaciado de sus senos. Si experimenta una producción baja durante la primera semana de lactancia asegúrese de seleccionar un tira leche hospitalario de pistón. Este tipo le permite hacer ajustes y proporciona comodidad y vacío estimulante. Está diseñado para uso frecuente, idealmente cada vez que amamanta. Al usar un solo paquete de recolección, puede bombear y alimentar a su bebé al mismo tiempo, lo cual ayuda a remediar la baja producción de leche si lo hace durante tres a cinco días.

Si experimenta baja producción de leche en cualquier momento después de que su suministro quedó bien establecido, probablemente es que las tomas o el vaciado de sus senos son menos frecuentes. Esto puede remediarse con bombeo más frecuente o sólo amamantando al bebé más seguido. De nuevo, este remedio funciona mejor si bombea después de cada toma durante tres a cinco días. Al considerar una técnica adicional para su lactancia, permita que transcurran entre tres y cinco días para ver el aumento en su suministro de leche.

Remedios con hierbas

La mayoría de las hierbas tienen facultades medicinales. Las plantas medicinales se usan para tratar y curar padecimientos médicos. Las compañías farmacéuticas con frecuencia desarrollan medicamentos con base en las acciones medicinales de las hierbas. Éstas a menudo están recomendadas para las mamás que tienen escasa producción de leche materna.

Las hierbas se pueden usar y consumir en varias maneras. Puede prepararlas y usarlas en cualquiera de las siguientes formas:

➤ Té de hierbas

➤ Tintura

➤ Vinagre de conservas

➤ Cataplasma

➤ Compresa

➤ Bálsamo

➤ Aromaterapia

Es mejor si consulta a un experto en el conocimiento de las plantas para elegir la hierba adecuada para el mejor resultado. Los recursos y los ingredientes activos de las hierbas pueden variar. También es importante consultar a su médico antes de usar cualquier remedio con hierbas, en especial si toma medicamentos o suplementos.

Los dos tipos de té de hierbas son *infusiones* y *extractos*. Las infusiones funcionan mejor cuando se trata de hojas y flores porque rinden *fitoquímicos* más altos. Un extracto se usa por lo general cuando son raíces y ramitas porque puede ser más difícil extraerles los fitoquímicos medicinales. Cuando se prepare una infusión, empiece con agua fresca, póngala a hervir y agregue la hierba medicinal hasta que el agua esté fría. Si le gusta caliente, entonces recaliente ligeramente el té. Si así lo prefiere, puede añadir limón y miel para endulzar su té. Para un extracto, use agua fresca y hierva o ponga a fuego lento con el material medicinal durante 10 a 20 minutos.

Aquí hay uno que tuerce la lengua: galactófagos

Un *galactófago* es un material o acción que estimula la producción de leche. Existen varias hierbas medicinales que se usan como galactófago. Las hierbas que pueden ayudar a aumentar la producción de leche por lo general contienen *fitoestrógenos*. Son plantas químicas similares a la hormona femenina estrógeno, la cual funciona en el cuerpo humano para estimular la producción de células de los senos humanos y estas células son la fuente de la producción de leche. Cuando se estimulan, las células producen leche. Las siguientes son plantas que podrían ayudar a incrementar su producción de leche:

➤ Alholva	➤ Alcaravea
➤ Cáñamo	➤ Chasteberry
➤ Anís	➤ Toronjil

La alholva (*Trigonella foenum-graecum*), también conocida como paja griega, se ha usado desde tiempos bíblicos para aumentar la producción de leche de las mamás. Contiene diosgenina, un compuesto similar al estrógeno, que ayuda a aumentar el flujo de leche. Se usa por lo general en la cocina del Medio Oriente. Agrega sabor y aumenta el aroma de la comida. La alholva contiene mucílago, que refresca el estómago y aporta fibra para ayudar a la digestión. También se usa para curar los cólicos, espasmos estomacales dolorosos que experimentan los bebés.

La semilla de la alholva contiene el ingrediente activo, pero usted sólo puede consumir las hojas y la flor de la planta. Puede tomar las semillas de alholva como infusión, en forma de cápsulas o libremente añadirlas en los alimentos que cocina. También está disponible como tintura. Muchas mujeres informan que puede ser muy efectiva.

El cáñamo (*Foeniculum vulgare*) contiene compuestos que también son similares al estrógeno. Se ha usado por siglos para estimular la producción de leche. No confunda el cáñamo con aceite de cáñamo. Se sabe que el aceite es abortivo y puede ser tóxico si se consume en cantidades más grandes que una cuchara cafetera.

También se sabe que el anís, la alcaravea, el chasteberry y el toronjil incrementan la producción de leche. Los herbolarios chinos recomiendan el consumo de cacahuates (*Arachis hypogaea*) y semillas de ajonjolí tostadas (*Sesamum indicum*) a mujeres que producen poca leche. Como las legumbres contienen varios compuestos estrogénicos, se dan las semillas de las vainas para ayudar a la producción de leche.

¿Tiene leche?

Siempre existe la posibilidad de que pueda producir demasiada leche. Esto puede verse como malo sólo si la ataca una mastitis recurrente o frecuentemente tiene los conductos obstruidos. La mastitis es una infección de los senos que ocurre cuando éstos no se vacían por completo. Los conductos están demasiado llenos y se inflaman por la leche que queda en ellos. Cuando la producción de leche es demasiado abundante puede contribuir al estancamiento lácteo, en el cual los residuos de leche se quedan en los conductos y los alveolos. El estancamiento lácteo provoca una infección. Las bacterias que se alojan en los azúcares de la leche a menudo ocasionan una infección.

Una buena producción de leche puede malinterpretarse como sobreabundancia. Algunas mamás me han comentado que no quieren crear demasiada leche. Consulte a un profesional de la lactancia para identificar si está produciendo leche en abundancia. Su cuerpo aprovecha la oportunidad, especialmente al principio de la lactancia, para hacer mucha leche para el bebé. Sus senos producirán en respuesta a la estimulación. Si su bebé consume todo lo que está en el plato, perfecto. Pero si sólo come tres cuartos, entonces debe sacarse los sobrantes y almacenarlos. Por lo general, pasan entre tres y seis semanas desde el principio de la lactancia para que su producción se regularice.

Algún problema en la pituitaria puede ocasionar exceso de producción y, por lo general, se requiere de atención médica. Los prolactinomas son tumores de la pituitaria que causan un exceso de liberación de hormonas. Esto resulta en un incremento en la producción de leche, la cual en ocasiones puede ser excesiva. Los sucesos emocionales y de tensión también pueden causar una sobreproducción de leche materna.

Inhibidores de la leche

Es mejor usar un tira leche hospitalario de pistón para ayudar a reducir la producción abundante de leche. De nuevo, puede ajustar el vacío para la estimulación efectiva y el vaciado eficaz de sus senos. Cuando use un tira leche de pistón, saque sólo la cantidad suficiente de leche para sentirse cómoda. Esto ayuda a evitar estancamiento lácteo de cualquier residuo y reduce su oportunidad de una aparición de mastitis o de conductos obstruidos. En el caso de que vaya a dejar de amamantar al bebé, al vaciar sólo la leche suficiente para sentirse cómoda ayuda a la reducción lenta y paulatina de su producción de leche. Me referiré a medidas para destetar en el capítulo 28, "Destete a su bebé".

Para reducir su flujo de leche, ya sea para destetar o para reducir una sobreabundancia, intente los siguientes remedios de hierbas:

➤ Perejil

➤ Salvia

➤ Jazmín

Puede tomar el perejil o la salvia en infusiones. Podría también intentar con una ensalada de tabule. ¡Su ingrediente principal es el perejil! Realmente se pueden moler las flores de jazmín y flotarlas alrededor de los senos para absorción de la piel. Debería también añadir que las hojas de col, aunque no como hierba, se usan mucho para inhibir la producción de leche y aliviar el congestionamiento. Ponga en el refrigerador hojas de col verde hasta que estén bien frías y luego colóquelas sobre los senos durante 10 a 15 minutos.

Debe tener cuidado con cualquier planta para no conseguir resultados que no desea. En otras palabras, también muchas de estas hierbas pueden ocasionar una reducción drástica o eliminación de su producción de leche. Asegúrese de consultar a un profesional de la lactancia o a su médico antes de usar cualquier remedio para reducir su suministro de leche.

Conviértase en donadora de leche

A estas alturas ya está bien consciente de que la leche materna es el mejor alimento para cualquier infante, si no es que para todos. La nutrición que brinda la leche humana no puede imitarse. Los anticuerpos y los glóbulos blancos combaten infecciones y fortalecen el sistema inmune. Su bebé recibe el beneficio de buen crecimiento y desarrollo, minimiza las alergias y mejora la función cerebral.

La oportunidad y disponibilidad de convertirse en donadora de leche materna se ha usado durante siglos. La leche que se dona se da a alguien que la necesita. La leche humana puede proporcionar nutrición a infantes así como a niños más grandes y adultos. Han habido muchos receptores de leche donada y nunca se han documentado casos de enfermedades relacionadas con ésta. Eso es un registro comprobado.

Los receptores de leche de donadoras incluyen infantes, niños y adultos con las siguientes condiciones:

➤ Prematuros

➤ Problemas de riñones

➤ Problemas cardiacos

➤ Víctimas de quemaduras

➤ Receptores de transplante de órganos

➤ Enfermedades intestinales

La donación de leche materna es totalmente voluntaria. Los donantes creen que la leche materna es vital y motivan a otros a hacer lo mismo. Algunos de ellos pueden haberse beneficiado de la leche donada y deseen devolver el favor de cualquier manera en que puedan hacerlo. Algunas madres, cuyos bebés han muerto hallan que el donar su leche les ayuda a cicatrizar las heridas causadas por la pérdida que experimentaron.

Capítulo 14

La mamá que trabaja

Tendrá que tomar muchas decisiones acerca de su bebé antes y después de dar a luz. Volver al trabajo después del nacimiento de su bebé es una gran decisión para cualquier nueva mamá. ¿Cómo podría alguien reemplazar el amor y el cuidado que usted da a su propio bebé? Tal vez dude si puede combinar la lactancia con su horario de trabajo. Bueno, claro que sí se puede. Sólo se necesita planificación creativa y su compromiso para continuar alimentándolo con leche materna.

Recuerde que la lactancia le proporciona muchas ventajas como mamá que trabaja. Los beneficios continuos de salud y la inmunidad que brinda su leche materna son los mejores tratos del mundo. Puede "cultivar" su propia leche y no tener que comprar leche de fórmula en lata para bebé. Su leche evita respuestas alérgicas al bebé que la fórmula de la leche de vaca puede ocasionar. Su compromiso de continuar la lactancia podría ayudarle a superar cualquier ansiedad sobre regresar a trabajar o el que otra persona cuide de su bebé. Puede seguir conectada. Sólo usted puede dar este valioso recurso a su bebé. Consideremos lo que se necesita para ser una mamá lactante y trabajadora.

Decisiones, decisiones

Existen muchas ventajas especiales que ofrece la lactancia a cualquier mamá que trabaja. Otras personas pueden ayudar a cuidar a su bebé, pero sólo usted y nadie más puede proporcionarle el mejor recurso de la naturaleza. Puede disfrutar ese momento privado que brinda la lactancia. Le ayuda a tener un tiempo para algo de paz y tranquilidad con su bebé. Tal vez le guste el sentimiento de cercanía con su bebé que da la lactancia. No hay nada mejor que ver los ojos del bebé diciéndole "gracias" mientras come de usted. Ésa es la única razón que mantiene el deseo de amamantar y coordinar dicha labor con su horario de trabajo.

Lo primero a considerar es si quiere y necesita volver a trabajar. Las preguntas que debe hacerse usted misma son: "¿quiero trabajar?" Y "¿necesito volver a trabajar?" Tiene que contestar estas preguntas antes de proceder. Con mucha frecuencia la respuesta a "necesito trabajar" es sí y a "quiero trabajar" es no. Si yo tuviera que hacer todo de nuevo, consideraría detenidamente estas dos preguntas.

Mire, si desea volver a trabajar y puede honestamente contestar "sí", entonces hay un elemento significativo de deseo dentro de usted. El deseo es muy importante cuando se trata de combinar su lactancia con su desempeño en el trabajo. El éxito de continuar en la lactancia está determinado por querer que suceda. Si en realidad no quiere regresar a trabajar no estará motivada para hacer lo necesario a fin de seguir alimentando a su bebé con leche materna.

Otra consideración es si necesita trabajar. Actualmente muchos hogares dependen de dos ingresos para mantener el estilo de vida deseado. Si le gustan ciertos servicios y conveniencias que la vida moderna ofrece, necesita el dinero para pagarlos. Si usted es la fuente principal de ingresos de su hogar, entonces tendrá que volver al trabajo. El seguro de gastos médicos puede ser algo a considerar, especialmente si está sola. Elabore un presupuesto familiar y compárelo con la vida sin su contribución económica. Visualizar la realidad de sus finanzas puede ayudarle a tomar la decisión.

Si es profesionista que trabaja, puede necesitar seguir laborando tiempo completo. ¡No puede evitar que demanden su presencia! Tal vez sienta que es necesario conservar sus habilidades profesionales y que sólo el trabajo de tiempo completo puede satisfacer esto. Quizá encuentre que sus clientes requieren de sus servicios tiempo completo. Si es así, tal vez no tenga otra opción sobre su horario de trabajo.

Medio tiempo

La belleza de este tipo de trabajo es la flexibilidad de horario que ofrece. Esta realidad puede ser el sueño de la mamá que trabaja. Flexibilidad significa que el tiempo de trabajo puede organizarse alrededor del horario que usted elija. Le ofrece la cantidad de tiempo de trabajo preciso y el tiempo de mamá que la hace feliz. Si es una mamá que desea volver a trabajar, pero no le gusta el compromiso de tiempo completo, debe considerar firmemente un empleo de medio tiempo.

Averigüe o pregunte en su compañía si hay algún puesto disponible de *medio tiempo*. Si se ofrecen prestaciones a empleados de medio tiempo, investigue cuántas horas de trabajo se requieren para tener derecho a ellas. Debe también cubrir todas las bases y recopilar toda la información al tomar una decisión. Pregunte si hay nuevas mamás que han regresado a laborar medio tiempo en el lugar donde trabaja. Todavía mejor, pregunte si hay mamás que han vuelto a trabajar y amamantan a sus bebés. Eso es lo que le gustaría hacer. Hable con esas mujeres y si es posible consiga retroalimentación. En realidad ayuda escuchar a alguien en su misma situación.

Si no hay un puesto de medio tiempo disponible en su lugar de trabajo actual, puede considerar las siguientes fuentes para empleo de medio tiempo:

➤ Corporaciones altruistas

➤ Negocios pequeños

➤ Agencias de empleo

Las corporaciones altruistas pueden pagarle menos pero entenderán muy bien su necesidad de horario flexible. Por lo general, quieren atraer y conservar emplea-dos. Usted puede estar en la mejor posición de negociar las horas de trabajo y el puesto que desea. Los pequeños negocios con menos de 100 empleados también son un buen objetivo porque usted puede ser un gran activo para ellos. Si les pre-senta una oferta de algo que pueda hacer para ellos en las horas que tiene dispo-nibles, quizá la consideren un regalo con moño. Recuerde que las mujeres que son dueñas de negocios quizá empezaron porque necesitaban flexibilidad y tra-bajos de medio tiempo igual que usted. Ofrezca lo que está buscando para equi-librar su lactancia con horas de trabajo y vea si puede atraer el interés de alguien. Valdría la pena investigar una agencia de empleo que se especialice en puestos de medio tiempo. Este tipo de agencias trabaja en búsqueda de sus mejores intere-ses. La colocarán en la posición que usted desea y se asegurarán que sus horas de trabajo satisfagan lo que solicitó.

Trabajo en casa

Si es una persona entusiasta, flexible y disciplinada, entonces éste es un trabajo para usted. Trabajar en casa o tener la casa como base puede ofrecer lo mejor a su vida familiar y de trabajo. Hacer que suceda y planificar sus estrategias de traba-jo demostrarán que esta opción es excelente.

Hay varias oportunidades de trabajo que se prestan para desempeñarse desde casa. Si actualmente está empleada, vea si su puesto puede operarse desde el hogar. Su patrón tal vez brinque de gusto ante la oportunidad de ahorrar costos en espacio de oficina, seguro y otras prestaciones.

El "trabajo a distancia" a través del uso de una computadora e Internet se ha vuel-to muy popular en la actualidad entre las personas que trabajan. Así, usted puede mantenerse al frente del hogar, eliminar el transporte de su casa al lugar de tra-bajo y ser más productiva. Estar en casa le permite continuar sin interrupción con el patrón de lactancia de su bebé. Incluso puede alimentarlo mientras está escri-biendo en la computadora o hablando en un teléfono a "manos libres" o un mi-crófono. Muchas compañías quieren retener empleados a quienes han capacitado y entrenado, y son activos para la empresa. Busque la oportunidad. Nada pierde con preguntar.

Podría considerar convertir algunas de sus habilidades exclusivas en un puesto de contratación independiente. Eso significa ofrecer sus especialidades con productos o servicios en los que puede capitalizar. Pregúntese qué servicio o producto puede proporcionar desde su hogar. Hay demanda de muchos puestos independientes dentro del mercado actual. Muchas compañías dependen de fuentes externas para servicios que no desempeña su personal. Los siguientes puestos podrían representar para usted una posibilidad de trabajar desde casa:

➤ Diseñadores

➤ Contadores

➤ Escritores

➤ Editores

➤ Expertos en computadora

Tenga en mente que, como contratista independiente, usted proporciona el lugar, el equipo y el seguro necesarios para desempeñar el trabajo. Se convierte en un autoempleado, usted es su propio jefe. Se requiere disciplina y administración del tiempo para completar lo que tiene que hacer. Por otro lado, ser su propio jefe le da libertad para continuar con la lactancia de su bebé y proporcionar el amor y el cuidado que son lo más importante.

Oiga jefe, estoy alimentando a mi bebé con leche materna

Una vez que consideró sus opciones de trabajo, es el momento de acercarse a su jefe con una propuesta y negociaciones. Esto puede muy bien ser la parte más difícil para usted. Ya sabe lo que quiere, lo ha visto desde un ángulo posible, ha sopesado los pros y los contras, desea ser bien recibida y salir de ahí con lo que quiere. Pero puede no ser lo que imaginó.

Necesitará decir a su jefe que ha tomado la difícil decisión de volver al trabajo y continuar con la lactancia de su bebé. "¿Acaso está loca?" Le oigo decir: ella no conoce a mi jefe. Lo digo porque es donde me equivoqué cuando regresé a trabajar. No dije una sola palabra, lo guardé como un secreto. Viendo hacia el pasado, no tuve apoyo ni nadie con quien hablar cuando las cosas se ponían difíciles. Con la lactancia, toda mamá que trabaja merece el respeto y el reconocimiento que requiere este compromiso. No sólo crea conciencia sobre la lactancia, sino que también se faculta para la elección que tomó.

"¡Mi jefe es hombre! No hay forma de que pueda hablar con él sobre algo tan personal como la lactancia". Está bien, claro. Estamos caminando en hielo delgado.

No quiero que se sienta incómoda. Es rara la oportunidad de que un jefe que es hombre asimile esto de la "lactancia" y lo entienda. Considere el enfoque de explicar que la lactancia ofrece tantas ventajas para la salud. Diga que dedicará sus horas de descanso y de comida a hacer algo saludable para usted y para su bebé. Podría considerar llevar a su esposo o compañero para que la apoye y le ayude al hablar con un hombre. Tal vez el hablar de lactancia puede hacer sentir muy incómodo a su jefe. Él no querrá conocer los detalles; sólo quiere saber si cumplirá con su trabajo.

En otro de los casos su jefe es una mujer, pero ella piensa que la lactancia es grotesca y una pérdida de tiempo. Definitivamente se enfrentará con un reto aquí. Trate de usar el enfoque "mamá sana, bebé sano" y ponga énfasis en lo que la lactancia significa para usted. De nuevo, en realidad ayuda a crear conciencia sobre la lactancia y sus ventajas, sin importar la opinión de alguien.

Asegúrese de señalar a su jefe las ventajas que ofrece la lactancia. La lactancia continua ayuda a protegerla contra el cáncer de mama y el ginecológico. Para su patrón esto significa una empleada saludable. Los factores únicos que existen en la leche materna proporcionan a su bebé inmunidad y lo protegen contra infecciones. Un bebé saludable significa que usted faltará menos a trabajar por enfermedades del niño. Empleadas saludables y sus bebés saludables mantienen en un mínimo el costo del patrón sobre seguros médicos. Satisfacer su deseo de seguir con la lactancia también la tendrá motivada. A cambio, ofrecerá su mejor desempeño en el trabajo.

Además de su jefe, es una gran idea compartir con una o dos de sus compañeras de trabajo sobre su lactancia. Podría encontrar a alguien que recién tuvo un bebé y que lo está alimentando con leche materna. Quizá un compañero hombre respetará lo que está tratando de hacer. Sea abierta sobre las ventajas de salud, los costos reducidos y la feliz relación entre madre e hijo. El solo hecho de conversar sobre la lactancia le ayudará a educar y ganar aficionados.

El escenario de sus senos

Muy bien, ya tomó la decisión, tiene un plan de trabajo y el encuentro con el jefe ya quedó atrás. Ahora necesita saber qué hacer para que su lactancia y su trabajo sean compatibles. Las primeras semanas de lactancia con su bebé le ayudan a tener un buen inicio. Necesitará tanto tiempo como pueda para alimentar al bebé para lograr una buena producción de leche. Asegúrese de descansar y dormir todo lo que su cuerpo le pida. Deberá ingerir alimentos que ofrezcan un buen equilibrio de nutrición y energía. Lea el capítulo 27, "De paseo", sobre lo que come mientras está amamantando. Satisfaga su sed y recuerde que el agua es vital para su cuerpo. ¡Bébala!

Es importante comenzar pronto a prepararse para volver al trabajo. La tercera, cuarta o quinta semana después del parto es el momento ideal para sacarse leche y empezar a almacenarla. No sólo necesitará una provisión al principio, sino que también sus senos responderán a hacer cada vez más leche. Cualquier leche que se saque puede almacenarla en el congelador.

Si elige no vaciar sus senos manualmente, entonces ahora es el momento de rentar o comprar un tira leche. Éste le permite extraer la leche mecánicamente. Necesitará uno durable y confiable. Le recomiendo firmemente un tira leche médico eléctrico de pistón; es su mejor opción para extraerse la leche. Es durable, confiable y le ofrece la mejor estimulación para vaciado y recolección. Si va a usar un tira leche por primera vez, éste es también el mejor momento. Puede rentar primero y después comprar el que más le convenga. Es importante usar el mejor equipo para que su recolección de leche tenga éxito.

Puede considerar la compra de un tira leche en este momento, pero necesitará asegurarse de que esté diseñado para dos o tres usos al día. A las tres o cuatro semanas después del parto empiece a bombear después de la primera y segunda tomas de la mañana. Asegúrese de que el tira leche que compre esté diseñado para resistir esta frecuencia de recolección de leche. Incluso si intenta regresar a trabajar medio tiempo, necesitará comprar un tira leche que resista el uso diario.

Úsela o piérdala

El momento para empezar su recolección diaria de leche es durante la tercera, cuarta o quinta semana después de que inició su lactancia. Puede ser útil revisar el capítulo sobre recolección de leche. Extraerse la leche en este momento programará sus senos a que produzcan leche suficiente para el bebé y así pueda volver al trabajo. No se preocupe por hacer demasiada leche. Será la cantidad exacta, ya que es leche que puede guardar y almacenar, sin importar cuándo piensa volver a trabajar. Necesita depender de lo que es capaz de producir en esta etapa.

Después de una hora de la primera toma de la mañana deberá tratar de sacarse leche. Puede no recolectar una gran cantidad al principio, así que no se preocupe. Tenga paciencia y recuerde que se aprende a sacar la leche, igual que a amamantar. La cantidad aumentará con las veces que realice la recolección. Trate de bombear de nuevo una hora después de la tercera toma de la mañana o temprano por la tarde. Tal vez encuentre que sale más leche en las primeras horas del día y menos hacia el final. Su hormona que produce leche, la *prolactina*, llega a su máximo en la noche entre las 2 y las 5 de la mañana, y esto significa más leche por la mañana.

Almacene la leche materna en cantidades de dos a cuatro onzas, especialmente si su bebé la consumirá entre los dos y los tres meses de edad. Cualquier leche que recolecte puede almacenarse en el refrigerador de cinco a siete días. Puede combinar cantidades para hacer de dos a cuatro onzas. Sólo recuerde añadir leche fría a leche fría, no la leche tibia recién extraída a la leche que ya está fría.

Tiene que ser consistente con las veces que se saca la leche. Cada vez que estimula sus senos para que produzcan leche materna se interpreta como una toma, entonces es importante que no se evite ninguna, porque sus senos empezarán a producir menos leche. Sucede lo mismo con la toma real de su bebé que con la recolección de leche con un tira leche.

Recuerde pasar un día a la vez. Si su bebé parece querer que lo alimente más seguido y experimenta un crecimiento repentino, entonces concéntrese sólo en la lactancia. Eso es lo mejor sobre empezar pronto. Dedique unos días sólo a la lactancia y luego regrese a su rutina de recolección de leche.

Alimentar al bebé sin senos

La pregunta más importante ahora es cómo darle al bebé leche materna sin ofrecerla de sus senos. No quiere confundirlo después de que ha trabajado tanto para dominar el arte de la lactancia. Las siguientes son alternativas para ofrecer su leche materna al bebé:

➤ Biberón

➤ Gotero

➤ Taza

➤ Dedos

➤ Cuchara

Alimentarlo con biberón es quizá el medio más preferido de dar cualquier leche a un bebé. Después de todo, la leche de fórmula para bebé ayudó a introducir los biberones al mercado. Puede elegir entre diferentes tipos de botellas así como un interminable número de chupones o pezones artificiales. Intente con el chupón de silicón en vez de el de látex; huele y sabe mejor. También busque un chupón que se estire como su pezón durante la toma. Considere un chupón de ortodoncia así como uno con flujo lento de líquido.

Si su lactancia está bien establecida y el bebé come bien de sus senos, puede presentarle un biberón alrededor de las cuatro semanas de nacido. Deje que otra persona le ofrezca el biberón. Su esposo, compañero o la abuela son una buena opción. Lo ideal es que el bebé asocie el amor y la calidez de la lactancia con usted.

Los bebés amamantados a menudo engullen la leche cuando se les ofrece desde un biberón. Recuerde que ya perfeccionaron la habilidad de estimular, comprimir y sacar leche del seno con succión. La leche materna en un biberón puede salir rápido y fácil con el vacío más ligero y un poco de gravedad. Si el bebé toma de su biberón demasiado rápido y todavía parece con hambre, necesitará tomar varios periodos de descanso durante la toma. También puede intentar un pezón artificial con un orificio más pequeño y flujo más lento.

Alimentarlo con un gotero puede ser fácil para la persona que lo está alimentando. Es una gran alternativa para el bebé que rechaza un biberón. La leche materna se sirve en un gotero de bulbo y éste se inserta en un lado de la boca del bebé. Con un apretón ligero y algo de succión del bebé, la leche fluye y se traga. Si es necesario, también puede medir fácilmente la cantidad que toma ya que la mayoría de los goteros están graduados con marcas de volumen.

La alimentación con taza o dedos requiere más paciencia y persistencia de la persona que alimenta al bebé. La alimentación con taza funciona bien para el bebé de cuatro a seis meses de edad, aunque está documentada para bebés prematuros. Usted puede encontrar en el mercado tazas más pequeñas diseñadas para dar leche materna, así como cintas de vídeo mostrando la técnica. La alimentación con dedos usa un pequeño tubo flexible fijado a una jeringa o botella que contiene leche materna. El tubo puede enredarse alrededor del dedo e insertarse en la boca del bebé. La botella se sostiene al nivel del pecho y la jeringa se oprime lentamente conforme el bebé succiona su dedo igual que el seno. La alimentación con cuchara es una alternativa sencilla pero su éxito también depende de la edad de su bebé. Funciona bien en bebés de mayor edad.

Capítulo 15

En el trabajo

Antes de su regreso real al trabajo tendrá que hacer algunas cosas para asegurar que todo está en su lugar. Necesitará considerar quién cuidará al bebé, el horario de su día de trabajo, su ambiente de trabajo y cualquier provisión necesaria para usted y su bebé. Es una mamá muy ocupada y es vital que administre bien su tiempo. Voy a señalar la logística importante para que pueda lograr su regreso al trabajo.

Prepararse para volver a trabajar es como prepararse para un viaje. Hay mucho más que hacer que sólo estar lista. Habrá una lista de cosas que necesita, cosas que el bebé necesita, cosas por hacer y cosas que poner en orden. Es muy importante empezar sus preparativos en cuanto haya decidido volver. Veamos algunos puntos importantes de su lista de cosas "por hacer".

Hogar dulce hogar

No debe subestimar la oportunidad de continuar la lactancia de su bebé en el hogar con una cuidadora mientras usted trabaja. Incluso si es en casa de su vecina o de la abuela, el hogar ofrece seguridad y comodidad para cualquier bebé. Le da paz y tranquilidad para concentrarse en su trabajo, sabiendo que el bebé está sano y salvo.

Puede manejar su inventario de leche materna en su propio hogar de una manera bastante fácil. No hay oportunidad de error cuando da al bebé su leche materna, nadie puede desechar su preciosa provisión excepto usted. Usted es el jefe cuando se trata de políticas y procedimientos para el cuidado de su bebé.

¿Es posible que su esposo o compañero tenga tiempo y desee encargarse del bebé? No hay nada mejor que saber y confiar en alguien cercano a usted. Como la mayoría de las mamás nuevas, se sentirá más cómoda con su esposo, familiar o amiga cercana a cargo del bebé. Estudie todas sus opciones para el cuidado en su propio hogar o en casa de un pariente cercano o vecina. Alguien que usted conozca y en quien confíe. ¡Tal vez tenga suerte y alguien se ofrezca a cubrir el puesto!

Otra consideración es contratar a alguien para que cuide de su bebé en casa. Esto implica investigar, buscar y algo de papeleo, pero vale la pena dedicarle tiempo. Puede emplear a alguien en su hogar que sienta que será lo mejor después de usted. Asegúrese de avisar que está amamantando y que va a dejar leche para el bebé. Ponga atención a su reacción; ésta le ayudará a decidir a quién contratar. No hay nada peor que alguien que le envíe un mensaje de desaprobación. No necesita su opinión o disertación sobre la lactancia. Esa decisión ya se tomó y quiere a alguien que siga sus instrucciones y cumpla con los requisitos para el trabajo.

Con mi experiencia personal puedo decirle que proceda con cuidado cuando contrate a alguien para atender al bebé en casa. Llame para verificar sus referencias. Solicite los servicios de un profesionista legal para elaborar un acuerdo de trabajo. El abogado también podrá defenderla en caso de que el trato se vuelva amargo. Lo último que necesita es una batalla en la corte además de la lactancia, ser mamá y trabajar. Como dice el dicho, más vale prevenir que lamentar.

Proveedores del cuidado de niños

Los negocios que proporcionan cuidado de infantes también son una opción para encargarse de su bebé. Algunos ofrecen contratación de medio tiempo mientras que otros dan servicio durante toda la semana. Ya sea cuidado diurno en casa o una instalación de servicio completo, un negocio que se especializa en el cuidado de niños por lo general tiene licencia y está asegurado. Las horas de operación normalmente son fijas y no tiene que preocuparse porque le vayan a cancelar. Si alguien debe cuidar del bebé, un negocio dedicado a esto puede ser su única solución.

Idealmente deberá encontrar un proveedor de cuidado del bebé que apoye la lactancia. La persona que cuidará de su bebé puede influir en gran medida su éxito en el trabajo y en la lactancia. Las siguientes son preguntas que hay que hacer a un proveedor del cuidado de infantes que le ayudarán a tomar una decisión:

➤ ¿Cuida bebés cuyas mamás los alimentan con leche materna?

➤ ¿Se siente cómoda manejando leche materna?

➤ ¿Dará a mi bebé la leche materna que yo proporciono en botella, taza, jeringa, cuchara o gotero?

➤ ¿Dónde almacenará y ofrecerá la leche que yo proporciono?

➤ ¿Tiene algún lugar donde yo pueda amamantarlo antes y después del trabajo?

Obtener las respuestas a estas preguntas probablemente le ayudarán a reducir de inmediato las opciones. Escuche a su corazón y siga sus instintos. Si no le da buena sensación busque en otro lado. Pida recomendaciones de otras mamás en lactancia. No deje pasar ningún contacto o relación que haya establecido.

Negocio en casa

Definitivamente hay algunas cosas que considerar en un negocio dedicado al cuidado de infantes que lo opera alguien en casa. El precio puede ser correcto pero no necesariamente las circunstancias. Lo primero y más importante es verificar que tenga una licencia válida. Si la persona está sumamente recomendada y no tiene licencia, averigüe por qué. Programe una visita para ver las instalaciones y su operación. Asegúrese de llevar a su esposo o compañero, su opinión o impresión es muy valiosa. Seguro deseará que esto funcione bien porque desea regresar a trabajar y no debe dejar pasar algunos detalles importantes.

Pregunte sobre mascotas en las instalaciones y su acceso a los bebés y niños. Pregunte cuál es el número promedio de bebés que atiende una persona. Pregunte cuántos bebés hay inscritos y las edades aproximadas. Averigüe si alguien fuma y si lo hacen dentro o fuera. Busque medidas de seguridad como alarmas contra incendio y extintores de fuego. Revise las cunas, las sillas altas y las carriolas que podría usar su bebé. ¿Son seguras y pasan su inspección?

Cuando se trata de lactancia, las ventajas de un negocio dedicado al cuidado de niños en casa son la atmósfera hogareña y relajada que brindan. Tal vez usted desee esto para su bebé. El proveedor puede estar muy familiarizado con el cuidado de un bebé que se alimenta de leche materna, lo cual es definitivamente una ventaja. Si necesita sólo algunas horas de cuidado, quizá pueda conseguir un horario adaptable. Sea honesta y abierta sobre sus necesidades desde el principio para evitar cualquier decepción posterior.

Instalaciones de negocios

Puede encontrar que la solución más confiable y conveniente es una instalación de negocio que se especializa en cuidado de niños. Tal vez haya uno cerca o en camino a su trabajo. Si está a cinco minutos de su lugar de trabajo o tiene un horario flexible, puede alimentar a su bebé durante un descanso o a la hora de la comida. Su compañía también quizá tenga una instalación para cuidado de niños para sus empleadas. Muchas compañías grandes tienen guarderías integradas dentro de sus propias instalaciones para atraer y retener empleadas valiosas.

Las consecuencias de elegir una instalación así puede ser la sensación "institucional" o impersonal que percibe cuando pasa por la puerta. Tal vez el número promedio de bebés que atiende una persona es mayor al que usted desea. El índice de rotación de personal en algunas instalaciones es extremadamente alto. Las enfermedades e infecciones pueden representar un alto riesgo en centros como éstos. Afortunadamente, la leche materna dará inmunidad y ayudará a proteger a su bebé.

De nuevo, es muy útil visitar las instalaciones y hablar con los empleados. Asegúrese de mencionar que se extraerá leche materna para su bebé y ponga atención a su respuesta. Su esposo o compañero definitivamente deberá ir con usted ya que cualquier opinión adicional es muy valiosa. Es importante que se sienta cómoda con su decisión. Si cree no haber hecho la mejor elección, está bien intentar otra cosa y seguir adelante.

Mientras no estoy

Ya se tomaron las decisiones y estará muy ocupada preparando su regreso a trabajar. Es una gran idea programar algunas salidas antes de volver realmente al trabajo. Vea si es posible dejar al niño la mitad del día durante algunos días con el proveedor del cuidado de niños antes de su primer día en el trabajo. Puede practicar reuniendo las cosas que necesitará y ensayar la rutina que planeó. Si su esposo o compañero es parte del plan de cuidado del bebé tendrá la oportunidad de experimentar llevar o recoger al bebé de la guardería. Si el proveedor del cuidado vendrá a su hogar, puede mostrarle la casa y resolver cualquier pregunta o duda que pudiera tener. Un ensayo siempre ayuda a tranquilizar a todos.

Varias sesiones de práctica ayudarán con las lágrimas y la culpa que sentirá cuando ponga su plan en acción. Las hormonas de la lactancia y la maternidad pueden ponerla en una montaña rusa emocional. Es la verdad. Se da cuenta de que alguien está tomando su lugar mientras usted está lejos del bebé. Se preguntará si tomó la decisión correcta. ¿Esta persona lo hará bien? ¿Mi bebé seguirá queriéndome cuando regrese? El nudo en la garganta y el dolor en el corazón son difíciles de manejar, entonces es bueno practicar antes. Tiene que creer en usted misma y en su decisión.

Es bueno dar a su proveedor del cuidado del bebé una idea del patrón de alimentación del bebé. Mejor aún, dele un registro escrito del patrón u horario normal del bebé. La frecuencia de comidas y las cantidades son puntos muy importantes que debe cubrir. Muchas cuidadoras no están familiarizadas con las preferencias de los bebés que se alimentan de leche materna, la cual se digiere en aproximadamente una hora y media, así que el bebé querrá comidas más frecuentes que si estuviera tomando leche de fórmula. La cantidad de leche materna que su bebé consume puede variar de entre dos y cinco onzas en cada toma. Esta cantidad dependerá de la edad del bebé cuando usted vuelva al trabajo. La siguiente tabla puede serle de utilidad para determinar estas cantidades.

Consumo de leche materna del bebé

Edad	Cada toma	Promedio diario
0-2 meses	2-5 onzas	26 onzas
2-4 meses	4-6 onzas	30 onzas
4-6 meses	5-7 onzas	31 onzas

Peso	Promedio diario
8 lb/3600 gr	21.3 oz/639 ml
9 lb/4000 gr	24.0 oz/720 ml
10 lb/4500 gr	26.7 oz/801 ml
11 lb/4900 gr	29.3 oz/879 ml
12 lb/5400 gr	32.0 oz/960 ml
14 lb/6400 gr	37.3 oz/1019 ml
16 lb/7300 gr	42.7 oz/1280 ml

También es importante informar la proveedor del cuidado del bebé que su lactancia es por más razones que sólo alimentación. Quizá el bebé no necesita comer sino sólo que lo abracen. Recuerde que amamantarlo da comodidad y al tenerlo en los brazos puede ayudar a satisfacer esa necesidad. La persona a su cargo puede encontrar que es útil un columpio de bebé para transportarlo. El bebé sentirá su ausencia y se sentirá más seguro cuando lo abracen. Tal vez quiere succionar y no necesariamente comer. El proveedor puede ofrecerle un chupón para ayudar con esta necesidad.

Mencione cualquier cosa que considere importante sobre su bebé. ¿Se sienta en una mecedora para alimentarlo o encontró que es más fácil sacarle el aire en cierta posición? Podría dar al proveedor del cuidado del bebé un pañal de tela o frazada que huela a usted para que la use mientras alimenta al bebé. Incluya un juguete favorito o algo de música para simular que usted se encuentra ahí.

La comunicación será la clave mientras está alejada del bebé. Las instalaciones del cuidado de bebés con frecuencia registran el número de tomas y las cantidades que se administraron en el día. Si tiene a alguien en su hogar o está usando una guardería, podría proporcionar un plan diario en un cuaderno para que llene con la rutina de su bebé. Asegure que su proveedor pueda hablar personalmente con usted mientras está en el trabajo si necesita retroalimentación inmediata. Lo mejor que puede hacer es ¡respirar profundo, relajarse y no preocuparse!

Voy a trabajar

Es mejor tratar de desarrollar una rutina de lactancia para su regreso al trabajo. Deberá continuar sacándose leche un par de veces al día y almacenarla. Mientras

103

no está en el trabajo, querrá amamantar lo más posible al bebé para estar juntos. Esto le ayuda a mantener una producción adecuada de leche materna. Una vez que vuelva al trabajo intente la siguiente rutina como ayuda para la lactancia y el trabajo:

➤ Permita que su bebé se alimente en forma pausada al inicio de su día.

➤ Aliméntelo de nuevo antes de salir de casa o dejarlo en una guardería.

➤ Aliméntelo después de trabajar en la guardería o en cuanto llegue a casa después de trabajar.

➤ Haga la transición a casa después del trabajo abrazando y acariciando a su bebé.

➤ Aliméntelo según él lo demande durante los fines de semana y los días libres.

Esté preparada y lista para el trabajo con el cual se comprometió. Haga una lista de cualquier artículo personal que necesitará mientras está en el trabajo. No se sentirá bien si olvida las cosas necesarias para sacarse leche, en especial si toma tiempo extra de su trabajo para conseguirlas. Si se extrae la leche en el trabajo, anote todos los artículos y el equipo que necesitará. Tenga a mano su lista durante las primeras semanas de trabajo. Le ayudará a mantenerse organizada y a reducir el riesgo de olvidar algo. En poco tiempo habrá memorizado todo esto.

Si se extrae la leche mientras está en el trabajo, considere llevar con usted estos artículos:

➤ Tira leche

➤ Paquete de accesorios, si es necesario

➤ Recipientes para almacenarla

➤ La fotografía de su bebé

➤ Una comida

➤ Bocadillos

➤ Líquidos nutritivos

➤ Una blusa o una falda extra

➤ Protectores para los senos

➤ Un sostén extra

➤ Suéter

Si no hay refrigerador disponible para almacenar su leche, puede necesitar una hielera o un recipiente aislado con hielo. Recuerde que la leche materna puede estar a temperatura ambiente entre cuatro y seis horas, pero probablemente se sentirá más tranquila si la refrigera. Es más fácil transportarla para regresar a la guardería o al hogar.

Para ser mamá que trabaja y amamanta debe tener apoyo. Es una carga y un compromiso que tiene que manejar. Su trabajo será un empleo y su lactancia será otro empleo. Necesitará apoyo y ayuda con las responsabilidades de la casa y del bebé. Pida a su esposo o compañero que comparta las labores de preparación de alimentos, lavandería, compras, limpieza y cualquier otra cosa necesaria en casa. Las demandas de un nuevo bebé, trabajar y amamantar serán pesadas pero vale la pena, un día se sentará relajada y mirará hacia atrás todos sus logros. ¡Yo siempre lo hago!

Necesito un descanso

Continuar la lactancia mientras trabaja significa que necesita extraerse leche cuando el bebé debería estar comiendo. Necesitará dedicar tiempo a esto y encontrar un lugar para hacerlo. Dependiendo de la edad de su bebé y el patrón de alimentación, su descanso puede ser cada tres o cuatro horas.

La frecuencia con que se extraiga la leche dependerá del número de horas que esté alejada del bebé. Planee extraerla cuando menos dos veces durante un turno de trabajo de ocho horas.

Necesitará tomar un descanso para extraerse la leche. De manera realista deberá planear alrededor de 20 minutos. Considere el tiempo que implica llegar a algún lado o acomodarse en la oficina. Requiere tiempo lavarse las manos, relajarse y extraer la leche, almacenarla, lavar los artefactos y usar el baño.

Los mejores momentos podrían ser su hora de café o la hora de la comida. Si sólo tiene una hora para comer en su turno, vea si puede dividirla durante las horas de trabajo. Veinte minutos en la mañana y 40 minutos en la tarde son descansos realistas. Si sus compañeros de trabajo toman descansos para fumar, ¡entonces usted merece un descanso para hacer algo saludable para usted y para su bebé! Recuerde esto si alguien la acosa sobre lo que hace en su tiempo de descanso.

Sala de lactancia

Su tipo de trabajo puede hacer difícil extraerse la leche, pero busque cualquier lugar y momento posibles para hacerlo. Localice un lugar tranquilo y privado en el trabajo. Quizá tenga que ser creativa. Vea si hay disponible un baño de ejecutivos, una sala de descanso o una oficina desocupada. Lo ideal es un salón con un lugar para lavarse las manos, pero puede detenerse en el baño en alguna parte para lavarse. Si busca y pregunta por un lugar disponible, seguro encontrará algo.

Muchas compañías se están volviendo comprensivas con la maternidad y han creado un lugar específico para lactancia. En ocasiones le llaman sala de nuevas mamás; es un salón diseñado para que las mujeres que trabajan puedan extraerse la leche. Son privados, seguros y por lo general tienen una clavija eléctrica.

105

Capítulo 16

Legislación actual

Cuando volví al trabajo después de mi primer bebé, tenía una enfermera jefe que me aclaró muy bien que no debía esperar descansos durante el día de trabajo para extraerme leche para mi bebé. Como la unidad estaba atestada todo el tiempo, casi no se permitían descansos. Había tomado tres meses de incapacidad durante mi embarazo y ella la enfermera consideraba que ya era tiempo de que me responsabilizara por mi trabajo. También despreciaba la lactancia, para ella era un acto libidinoso y crudo que veía como "anormal".

La primera semana siguió con su intención. A veces el descanso para comer llegaba alrededor de las dos de la tarde y me instruía que debía "comer rápido" y volver al trabajo lo antes posible. Después de unas semanas, ya no aguantaba más. Hablé con la gerente de mi unidad, que desafortunadamente también fue un callejón sin salida.

"¿Cuáles eran mis derechos?", pregunté. ¿Qué clase de recurso legal podría tomar? Lo único que deseaba era continuar alimentando a mi bebé con leche materna por su salud y bienestar. No podía creer que esto me estuviera sucediendo en realidad, particularmente en un enorme hospital metropolitano.

¿Cuál es la ley?

La legislación que tenemos actualmente se promulgó porque estaban en cuestión los derechos de una mamá en lactancia.

La elección de amamantar es un derecho humano básico. Puede elegir amamantar debido a su estilo de vida o por la salud y los efectos medicinales que proporciona a usted y a su bebé, aunque también puede por otras razones. Hay evidencias predominantes e investigaciones disponibles que apoyan la elección de una madre de alimentar a su hijo:

➤ La Academia Americana de Pediatría establece que la alimentación con leche materna protege contra varias enfermedades y que algunas de ellas ponen en peligro la vida. El crecimiento y desarrollo del bebé se favorecen en gran medida con los beneficios que proporciona la leche materna.

➤ La Organización Mundial de la Salud y la UNICEF también recomiendan que globalmente todos los infantes deben alimentarse exclusivamente con leche materna, desde su nacimiento hasta cuando menos los seis meses de edad. También recomiendan que la lactancia continúe con alimentos complementarios hasta los dos años de edad o más.

Con todas estas instituciones apoyando la lactancia, ¿quién dice que las mujeres no pueden o no deben amamantar? ¿Quién dice que este acto humano básico es cuestionable y que deben crearse leyes que permitan la lactancia? Las respuestas, mis amigas, son las personas a nuestro alrededor que no creen, no conocen o se niegan a aceptar los hechos sobre la lactancia. Es un grupo colectivo de personas que no amamantan ni amamantarán, quienes quieren imponer reglas y reglamentos sobre la lactancia. Es ignorancia, falta de educación y prejuicio lo que contribuye a la idea de que la lactancia no puede y no debe llevarse a cabo. Nuestra sociedad presiona a las mamás nuevas para aceptar como normal el uso de biberones y fórmula para bebés. El público en general planteó la idea de que el acto de amamantar es indecente y libidinoso, y los padres que quieren una vida fácil eligen alimentar a su nuevo bebé con leche enlatada.

Estas leyes ayudan a respaldar así como a educar a todos definiendo claramente y abordando el qué, el dónde y el cuándo de la lactancia. Debería confortarnos el saber que si hay o no una ley, tenemos el derecho de la lactancia. El propósito de la legislación sobre este tema no es legalizarla sino establecer que usted tiene el derecho de elegir. Con una ley o sin ella, usted puede hacerlo donde y cuando quiera.

Desempeño público

Esté tranquila de poder alimentar a su bebé en cualquier parte donde pueda estar con él. Exacto. El supermercado, el cine, el parque o una alberca son ejemplos perfectos de lugares donde usted puede alimentar a su bebé. Cuando lo hace en un lugar público, no está cometiendo un acto ofensivo. De dónde vino la idea o el pensamiento de que una madre se expone en forma indecente al dar el pecho, en verdad no lo entiendo. El mensaje que envía la legislación a nuestra sociedad es que la lactancia en cualquier parte no es un acto libidinoso o indecente.

Muchos estados establecen específicamente que una mamá que amamanta en público no comete un acto *libidinoso*, *lascivo* o indecente. Muchos también abordan que si se permite a la madre entrar a un lugar con su bebé, tiene derecho a darle pecho ahí. Algunas de estas leyes establecen que la exposición del pezón y areola de la madre mientras alimenta a su hijo no se considera una exposición de órganos sexuales. En algunos estados se considera un acto de discriminación la restricción o limitación de una madre para dar el pecho. Se puede cargar una multa al propietario o gerente de un lugar público, un centro de diversión o cualquier otra instalación que no permita a una madre amamantar a su bebé en un lugar público.

La circunstancia de informar y fungir como jurado también se señala en las leyes de varios estados. Salir de un jurado por lo general requiere solicitud por escrito. Incluso si su estado no lo aborda como un deber o no tiene una ley, debe considerar otras excepciones que las leyes de su estado pueden tener. Busque leyes que hablen sobre los padres como únicos proveedores del cuidado o padres responsables del cuidado directo de sus hijos pequeños en casa.

La congresista Carolyn B. Maloney de Nueva York introdujo un proyecto de ley federal asegurando el derecho de la mujer de amamantar a su bebé en cualquier lugar de propiedad federal a los que ella y su hijo tuvieran derecho. Fue declarado ley en septiembre de 1999. La legislación es una herramienta pequeña pero poderosa para crear conciencia en el público sobre los derechos de las madres que amamantan. Aunque las leyes estén implantadas, tomar recursos legales si es necesario consume mucho tiempo. Uno debe sopesar la importancia de proteger los derechos a la lactancia contra permitir que continúe la misma ocurrencia.

Si usted es como yo y su estado no tiene leyes específicas sobre derechos de lactancia, busque cualquier decreto de ciudad o condado que pueda tener alguna modificación que aplica a la lactancia. Quizá encuentre que puede usar a su favor cualquier discriminación o segregación respecto a la lactancia. Por encima de todo, la lactancia en público debe aceptarse si se permite a su hijo estar con usted en la premisa o ubicación, y si se permite la alimentación con biberón en ese lugar. Puede usar la legislación decretada en otro estado para apoyar su demanda sobre derechos de lactancia si alguna vez se enfrenta con el reto. Es una gran oportunidad para educar y un pequeño paso para lograr un cambio radical.

Desempeño en el trabajo

El hecho del asunto sobre continuar su lactancia cuando vuelve al trabajo es la dificultad que puede encontrar con su patrón o su lugar de trabajo. También sus compañeros de trabajo pueden hacerle la vida difícil, en especial si creen que amamantar o extraerse leche es inaceptable en el lugar de trabajo. Las cosas pueden ponerse feas. Su jefe puede intentar impedirle que se extraiga la leche. Averigüé todo eso muy pronto cuando volví a trabajar. Ni mi puesto como enfermera ni mi gerente apoyaban mi elección de extraerme leche para mi bebé y no hacían absolutamente nada para ayudarme. Me decían que las cosas no se podían cambiar. Nadie hacía esfuerzo alguno para ayudarme a lograr un cambio. Los supervisores y gerentes pueden frustrar sus esfuerzos haciendo su situación muy difícil.

Entonces, ¿qué puede hacer una madre que amamanta? Es un verdadero desafío extraerse la leche si no hay un lugar tranquilo y conveniente para hacerlo. Oigan, no tomamos nuestros alimentos sentadas en un baño, entonces ¿por qué debemos encerrarnos en un baño a preparar la comida para nuestro bebé? Afortunadamente muchos estados promueven y obligan a que las compañías faciliten las cosas a las mamás que regresan al trabajo. Sencillamente con proporcionar un salón o sala limpia y privada para las nuevas mamás, un patrón está haciendo el esfuerzo de apoyar a sus empleadas que regresan al trabajo y mantienen su lactancia. Muchos patrones que han tomado estas medidas encontraron que su retención de empleados es relativamente alta. Con sólo tomar la iniciativa reconocen que éste es el beneficio más importante que pueden ofrecer a una nueva mamá que vuelve al trabajo.

Menos de 10 estados obligan a los patrones a apoyar a la mamá que regresa al trabajo y continúa con la lactancia. Seis estados tienen legislación que aborda a la madre empleada en lactancia y lo que el patrón debe proporcionarles. Es un hecho que los segmentos de crecimiento más rápido de la fuerza actual de trabajo son mujeres con bebés y niños pequeños. Más de la mitad de esas mujeres regresan a trabajar para cuando sus bebés tienen tres meses de edad. Entonces, definitivamente está en el mejor interés de los patrones crear un ambiente "amable para las mamás" con el fin de atraer y retener este segmento de la fuerza laboral.

La ley estatal en Texas dice que un negocio puede designarse a sí mismo como "amable para las mamás" si su lugar de trabajo incluye todo lo siguiente:

➤ Horarios de trabajo flexibles

➤ Acceso a salón o sala privada

➤ Acceso a suministro de agua potable y limpia

➤ Lugar para almacenamiento higiénico de leche materna

Los descansos y los patrones de trabajo pueden programarse de manera que proporcionen a la mamá tiempo para extraerse leche. Cualquier madre que amamanta puede decirle que el éxito al sacarse la leche viene de usar un lugar tranquilo y privado. Tener acceso a un lavamanos para lavarse y lavar los accesorios de su tira leche es una prestación nominal. Las mamás que trabajan y amamantan no están pidiendo nada fuera de lo normal que un patrón no pueda proporcionarles.

Son muchas las ventajas de volver a trabajar y continuar con la lactancia. Su elección ayuda a su familia, a su patrón y al público en general. Los patrones pueden perderse de un importante beneficio si no ofrecen a las mujeres programas o apoyo a la lactancia. Hay estudios que muestran que las mujeres que mantienen su lactancia por medio de sacarse leche pierden menos tiempo en el trabajo. Los bebés son felices y saludables por los beneficios de la leche materna y los esfuerzos de sus madres. Si un patrón ofrece en el trabajo un programa completo para lactancia, tendrá mamás tirando las puertas pidiendo un empleo ahí. ¿Quién no querría trabajar en un lugar adecuado para lactancia, con equipo, un profesional del cuidado de la salud y el ambiente apropiado?

La congresista Carolyn B. Maloney de Nueva York introdujo un importante proyecto de ley federal para la lactancia durante el Congreso 106. Es el Acta de Promoción a la Lactancia e Incentivo en Impuestos para Patrones. Alienta a los patrones a establecer un ambiente seguro, privado y sanitario para que las mujeres se saquen leche. Se garantizan beneficios fiscales a los patrones que fijen un área específica para lactancia. Si compran o rentan equipo relacionado con la lactancia, contratan a un consultor de lactancia o promueven un lugar de trabajo adecuado para la lactancia, reciben beneficios fiscales adicionales.

Implica muchas cosas si decide llevar a cabo una acción legal por discriminación contra usted por dar leche materna en el lugar de trabajo. El mejor consejo que puedo ofrecerle es consultar con un abogado antes de tomar cualquier acción. Puede haber límites de tiempo para presentar una demanda contra cualquier patrón. Debe conjuntar todas sus evidencias y la información necesarias para un caso mientras está en el trabajo. Si existe la posibilidad de que la despidan, entonces considere si ésta es la mejor decisión para usted y su familia. Si tiene tiempo para registrar, documentar y perseguir un recurso legal, entonces adelante. Por otro lado, si para lo único que tiene tiempo es para trabajar, y encuentra el tiempo y el lugar para extraerse la leche, entonces sólo concéntrese en eso y deje las cosas en paz. Su primera prioridad debe ser su bebé y usted misma. Tal vez la siguiente vez pueda encontrar un patrón que no discrimine o acose los asuntos de la lactancia. Quizá nuevas leyes protegerán y proporcionarán las circunstancias ideales para trabajar y amamantar.

Un derecho de la madre

Toda mamá tiene el derecho de elegir alimentar a su bebé. Es un derecho humano básico. Cuando el padre quiere que se amamante al bebé, pero la mamá se niega, esto se convierte en una circunstancia muy compleja. La mejor acción es educar y aconsejar a la madre sobre los factores de salud, crecimiento y desarrollo que proporciona la lactancia a un infante. Un papá podría intentar suministrar leche materna de un banco de leche u otro recurso, pero invariablemente esto se convierte en algo difícil de manejar si no es que en una experiencia penosa y costosa.

En este momento, no existe ninguna legislación respecto a la lactancia relacionada con casos de divorcio o paternidad. Personalmente he actuado como consultora de lactancia en casos de visitas a bebés y niños pequeños donde estaba involucrada la continuidad de la lactancia. Dependiendo de la edad del infante o niño, si la leche materna es la fuente principal de nutrición, por lo general se toma la decisión en favor de la mamá que amamanta. Si la cuestión se convierte en lactancia versus el vínculo del padre con su hijo, las decisiones normalmente se toman en favor del contacto directo del padre con el infante o niño. Si la lactancia no es vital para el crecimiento y el desarrollo del niño, por lo general el papá gana. Se promueve que la lactancia continúe siempre y cuando el padre pueda mantener una relación significativa con su infante o niño.

Puede haber circunstancias donde una mamá trate de usar la lactancia en su favor y se niegue a permitir cualquier contacto entre el papá y su bebé. Si no hay circunstancias legales involucradas, es importante que otras personas sean capaces de abrazar e interactuar con su bebé. Es vital señalar que su esposo o compañero puede cuidar de su bebé cuando usted no lo alimenta directamente de sus senos. Aunque amamantar es su derecho, no necesita tener al bebé en los brazos todo el tiempo. No use la lactancia para impedir que otras personas también abracen y amen a su bebé. Cierto tiempo sin abrazarlo y sostenerlo es terapéutico para su mente y alma. Quizá ellos no lo hagan como usted, pero el que otros lo sostengan ayuda a mejorar la socialización del bebé y también le ayuda a conocerse mejor.

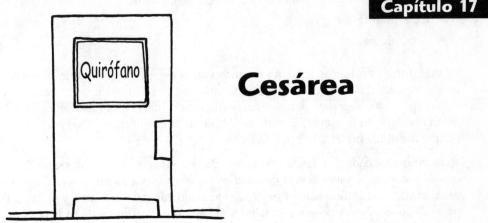

Capítulo 17

Cesárea

Durante los años que he trabajado como enfermera obstétrica, he escuchado muchas palabras y frases que se refieren al parto por cesárea. Durante los momentos de labor, la mujer suplica a quienes la están atendiendo "¡saquen al bebé!" Yo siempre pienso "¿por dónde lo sacamos?" Obviamente eso significa que lo saquen de la matriz vía incisión quirúrgica.

Como enfermera de obstetricia, siempre veo surgir la cuestión de la lactancia después de una cesárea. Las mamás dicen "tenía planes de darle el pecho. ¿Todavía puedo hacerlo?" Básicamente, la cesárea y la lactancia son muy compatibles. Pero existe cierta información importante que le ayudará después de experimentar este tipo de cirugía mayor. Eso es lo que voy a compartir con usted en este capítulo.

¿Qué sucedió aquí?

El nacimiento de su bebé por cesárea puede suceder por cualquier cantidad de razones. Una cesárea es la liberación de un bebé a través de una incisión quirúrgica que se realiza en el abdomen y el útero de la madre. Es cirugía mayor y puede tener complicaciones potenciales que surgen de este tipo de parto. Es la forma más rápida de dar a luz para cualquier bebé que no puede nacer por la vagina de la mujer.

El médico decide que la cesárea es necesaria por cualquiera de las siguientes razones:

➤ Un bebé grande

➤ Señales de sufrimiento fetal durante el trabajo de parto

➤ Imposibilidad de usar fórceps o aspiradora

➤ La posición del bebé no es con la cabeza por delante

➤ Cesárea anterior

➤ Bebé prematuro

Lo más difícil con lo que se lucha en una cesárea es que no era esto lo que usted quería y puede darle miedo. Antes del nacimiento de su bebé tal vez pasó mucho tiempo preparándose para parto vaginal. Algunas mujeres bloquean esta idea y la dejan olvidada en la mente. Es muy fácil ignorar la posibilidad. ¿Qué no se supone que todos los bebés salen por abajo?

Yo aseguro a los padres en la clase de parto que la cesárea es una forma segura de nacer. He visto que se salva la vida de muchos bebés gracias a esta operación. Recuerde, el punto más importante es un resultado saludable para la mamá y el bebé. El papel de su médico es proteger la salud y el bienestar de usted y de su bebé. ¡Deje que sea él quien decida si es cesárea o no!

El procedimiento completo puede llevar alrededor de 45 minutos. Probablemente se le suministrará anestesia *epidural* o espinal para bloquear el dolor durante la cirugía. Muy rara vez se usa anestesia general, lo cual significa que la duermen durante el parto. La anestesia epidural se usa si ya está en la sala de labor. Si el tiempo lo permite y se les da la elección, la mayoría de las mujeres optan por usar bloqueo epidural. Le permite estar despierta durante el parto. El anestésico general se usa para cesáreas de emergencia o en casos donde el bloqueo no es posible.

Cuando nace el bebé, su médico succiona el líquido amniótico de su nariz y boca con un pequeño tubo. Algunos hospitales usan profesionales de la salud adicionales para cuidar del bebé después del nacimiento. Entonces, un equipo de la Unidad de Terapia Intensiva del Recién Nacido examinará a su bebé. Es posible que lo internen en esta unidad, si muestra cualquiera de estos síntomas:

➤ Ritmo cardiaco lento o acelerado

➤ Respiración lenta o acelerada

➤ Fiebre

➤ Azúcar baja en la sangre

➤ Anormalidades físicas

➤ Posible infección

Si el bebé es internado en la Unidad de Terapia Intensiva del Recién Nacido después del parto, es muy probable que no pueda amamantarlo de inmediato. Quizá realicen pruebas y le conecten monitores para el ritmo cardiaco y respiratorio. También existe la posibilidad de que lo entuben para ayudar a su respiración. Todo esto retrasará la oportunidad de iniciar su lactancia dentro de la primera hora de nacido.

Es muy importante enfatizarle al equipo de la Unidad de Terapia Intensiva del Recién Nacido que va a alimentarlo con leche materna. Pregunte cuándo será la primera oportunidad de hacerlo. Pida que le informen si se le están dando leche de fórmula para bebé. Recuerde al equipo que la primera lactancia y las tomas subsecuentes son muy importantes.

Pueden aplicar un fluido intravenoso si su bebé necesita nutrientes o líquidos. Existe la posibilidad de que le den agua glucosada o leche de fórmula. Asegúrese de preguntar si el médico del bebé así lo ordenó. Desgraciadamente, el agua glucosada o la leche de fórmula para bebé con frecuencia se administran a través de una botella con un pezón artificial. Si el bebé necesita estos líquidos, podría preguntar o sugerir que usen una jeringa, un gotero o un dedo. Y nunca, nunca deje de preguntar cuándo puede empezar a alimentarlo con leche materna.

¿Todavía puedo dar el pecho?

¡Felicitaciones! El doctor que atendió el parto da a su bebé luz verde en cuanto a salud después de su cirugía. Ahora puede alimentarlo. Si todavía está en el quirófano y su condición lo garantiza, alguien podría ayudarle a colocar al bebé para la lactancia. Aunque es posible que presente náusea y vómito cuando el cirujano termine de suturar su abdomen. Éste definitivamente no es el mejor momento para empezar la lactancia.

Una vez que termine su cirugía y le hayan dado la última puntada, la llevarán a la sala de recuperación. Vea si puede sostener a su nuevo bebé. Si tiene temblor incontrolable después de la cesárea, esto no será posible. El temblor y el escalofrío se presentan por pérdida de sangre, de líquidos o por cambio de temperatura, pero son pasajeros. Le aseguro que una buena frazada le ayuda a aminorar los síntomas. Pida a su esposo o compañero que sostenga al bebé mientras esto pasa.

Si fue anestesia general, quizá no esté lo suficientemente despierta para sostener al bebé. Esta anestesia la hace dormir y puede pasar un buen tiempo antes de que despierte. En cuanto esté despierta y alerta, trate de ofrecer el pecho al bebé para su primera toma.

Hay algunas cosas que deben tenerse en cuenta en la sala de recuperación. Como paciente postoperatorio, es necesario que vigilen su presión arterial, su ritmo cardiaco y la frecuencia respiratoria. La incisión quirúrgica, así como el útero, deben revisarse con frecuencia para evitar una hemorragia. Una vez que hayan revisado y registrado esto, puede empezar la lactancia. La enfermera o asistente quirúrgica estará ocupada registrando sus signos vitales, pero ponga énfasis en lo importante que es para usted empezar su lactancia. Demostrar que puede alimentar a su bebé ayuda a reducir la decepción que quizá sintió por la cesárea.

Tendrá que arreglárselas entre tubos y sondas con la primera toma. Tendrá puesto el catéter intravenoso cuando menos unos días, ya que éste es lo que la nutre;

los pacientes postoperatorios sólo pueden chupar hielo o tomar líquidos transparentes, según lo ordene su médico. Tiene que pasar gas antes de que puedan darle alimento, pero seguramente no tendrá mucho apetito después de todo lo que ha pasado. Tal vez también tenga un control de presión arterial alrededor del brazo y un monitor de oxígeno en un dedo. Puede preguntar si es posible poner el control de presión en la pierna y el sensor de oxígeno en un dedo del pie porque quiere tener los brazos libres para la lactancia, aunque la línea intravenosa se quedará en el brazo.

Para la primera toma, tiene la opción de recostarse de lado o sostener al bebé como balón de fútbol americano. Si no tolera que levanten la cabecera de la cama, entonces le sugiero la posición acostada. Pida ayuda a la enfermera o asistente quirúrgico para tener una posición cómoda. Si fue anestesia epidural, sentirá dormido de la cintura hasta los dedos de los pies y no podrá moverse sin ayuda. Recuerde usar varias almohadas para colocar al bebé al nivel de su pecho. Esto ayudará con la presión de la espalda y el hombro.

Demos un repaso rápido sobre cómo pegar al bebé a su seno:

1. Usando la postura de balón de fútbol americano, coloque al bebé en uno de sus costados con la cabeza en su mano y los pies señalando hacia atrás de usted.

2. Acerque al bebé hasta su pecho con la nariz apuntando hacia arriba.

3. Sosteniendo su seno con la mano libre, toque el labio inferior del bebé con su pezón.

4. Cuando el bebé abra la boca como para bostezar, rápidamente péguelo a su pecho.

5. Los labios del bebé deberán sellarse alrededor de la mayor parte de su areola. Sentirá la lengua dando masaje y succión en el seno.

Una vez que el bebé esté asido a su seno, deje que esta primera toma dure hasta que el bebé lo suelte o se quede dormido. Pida a su esposo o compañero que le haga eructar. Esto permite a su enfermera o asistente revisar su útero e incisión. Entonces vuelva a acomodarse y ofrezca el otro seno al bebé. Si no lo quiere, no importa, pero deberá ofrecerlo primero en la siguiente toma. Relájese y disfrute los primeros momentos con su nuevo bebé.

Dar el pecho después de una cesárea ayuda a contraer el útero. Es probable que el fluido intravenoso que le están dando tenga una hormona sintética llamada Pitocina, que actúa igual que la oxitocina para ayudar a la contracción del útero y que el sangrado sea mínimo. Es casi seguro que necesitará analgésicos durante cuando menos las 72 horas siguientes a la cirugía. Si fue bloqueo epidural, puede haberse agregado morfina como analgésico prolongado después de la operación. Existen otros medicamentos que pueden prescribirse para el dolor; éstos actúan rápido y se eliminan de su sistema también muy rápido. Es mejor tomarlos inmediatamente después de que el bebé termine de alimentarse para permitir que el efecto llegue a su máximo antes de la siguiente toma. Los medicamentos en esta categoría incluyen:

➤ Ibuprofeno

➤ Acetaminofén

➤ Codeína

No tema ingerir medicamentos para el dolor.

Es importante que el dolor esté controlado para que pueda relajarse durante la lactancia. El dolor funciona en su contra y no le permitirle relajarse, afectando su liberación de *calostro* y leche de los alveolos.

Espere esto

Piense que estará en el hospital por lo menos tres días. Si se recupera rápidamente después de la cirugía, el médico puede darla de alta antes. La dieta debe progresar de pedazos de hielo a líquidos y luego a alimentos sólidos. Quizá tenga que permanecer en cama un tiempo o sentarse en una silla después de seis horas de la operación. Es muy importante tratar de caminar en cuanto el médico lo ordene, porque le ayudará a recuperarse más rápido y hará que su sistema interno vuelva a activarse.

Debe alimentar al bebé con frecuencia después de la cesárea, igual que con el parto natural. Su bebé tal vez demuestre que no está listo para alimentarse a menudo. Debe hacerlo cuando menos ocho veces en 24 horas, lo cual significa cada dos o tres horas. Si el bebé no quiere comer cada dos o tres horas, tendrá que despertarlo.

Practique teniendo al bebé *en su cuarto* para poder darle el pecho con frecuencia. Pida que lo dejen con usted. Todavía mejor, suba los barandales y ponga al bebé en la cama con usted. Pida a su esposo o compañero que le ayude con las posiciones de lado y de balón de fútbol americano. Use muchas almohadas para colocarlo adecuadamente en su pecho. Intente también sostenerlo en forma de cuna si se siente cómoda.

El bebé quizá esté muy dormido, en especial si el trabajo de parto fue prolongado e hizo mucho esfuerzo antes de la cesárea. Es normal que los bebés duerman mucho las primeras 24 horas, sin importar cómo fue su parto. Su bebé puede estar adormilado si estuvo expuesto a varias drogas y medicamentos durante el trabajo de parto y la cesárea. Quizá no pueda alimentarlo bien en estos momentos. Su leche de cualquier forma "bajará" para el tercer o cuarto día.

Espere sentirse cansada después de la cesárea. También sentirá que algo importante ha sucedido. Algunas de las tomas serán satisfactorias mientras que otras no.

Las altas y bajas en el patrón de alimentación de su bebé son igualmente normales si el parto fue vaginal o por cesárea. Pida a un consultor de lactancia o a una enfermera que le ayuden a evaluar al bebé durante la toma. Se beneficiará de su larga estancia en el hospital después de una cirugía, ya que podrá hacer todas las preguntas que desee para sentirse cómoda con la lactancia.

Lo más importante para su recuperación es descansar, descansar y descansar. La recuperación de una cirugía mayor como una cesárea requiere mucho descanso y sueño. Trate de recibir pocas visitas, así como celebraciones. Ya habrá tiempo y lugar para ello más adelante, por ahora necesita practicar mucho la lactancia y dormir todo lo que sea posible.

Si su bebé está en la Unidad de Terapia Intensiva del Recién Nacido, necesitará empezar la estimulación de sus senos con un tira leche eléctrico de pistón, de tipo hospitalario o médico que ofrezca succión ajustable e intermitente. Necesitará su propio paquete de recolección de leche para conservar la higiene y evitar la contaminación. Primero use el tira leche con un paquete sencillo; puede usar el paquete doble una vez que haya dominado el sencillo.

Si no puede amamantar al bebé directamente, deberá tratar de usar un tira leche eléctrico de pistón, de preferencia dentro de las seis horas siguientes al parto. Si se siente muy mal o físicamente no puede extraerse la leche, una enfermera o su esposo o compañero pueden ayudarle para que recolecte el calostro. Es importante que empiece a extraerse la leche cuando esté física y emocionalmente lista.

Una sesión suficiente de vaciado de los senos debe durar entre 10 y 15 minutos. Asegúrese de leer el manual o las instrucciones que se incluyen en su paquete de accesorios o recolección. Si la enfermera o consultor de lactancia no le enseñan a sacarla, lea las instrucciones. Los primeros días después del parto obtendrá sólo unas cuantas gotas de calostro. Esto es normal, vendrá más con más estimulación. No se desanime. No sienta que debe llenar todo el recipiente. Tenga paciencia. Su producción de leche aumentará. Debe sacarla cada tres horas mientras esté despierta y cuando menos una vez durante la noche. Esto estimulará la frecuencia con la que alimentará al bebé.

Es extremadamente útil usar un tira leche eléctrico de pistón si el bebé es muy dormilón y la lactancia no es efectiva. Debe intentar alimentarlo tanto como sea posible, pero algunos de estos bebés se quedan dormidos con facilidad. Pasarán algunos días para que se recuperen del cansancio. Debe usar el tira leche eléctrico después de cada toma pequeña o inefectiva, a partir del segundo o tercer día.

Si sólo puede hacer que el bebé succione durante 5 minutos después de mucho esfuerzo, tiene que sacarse la leche durante otros 10 ó 15 minutos.

Su plan de juego

Ir a casa quizá ocasione ansiedad para una nueva mamá, ¡no se diga si fue opera-
da y está amamantando! Necesitará planear algunas cosas básicas antes de llegar a
casa. Ser capaz de organizar y administrar una vez que está en casa hará su vida
más sencilla. Tener preparado lo siguiente puede hacer una transición suave:

➤ Un familiar o una amiga que le ayuden

➤ Una habitación tranquila y cómoda

➤ Una cama o un sillón al nivel del piso

➤ Un tira leche hospitalario eléctrico de pistón, si es necesario

➤ La casa abastecida de todo lo necesario

La clave para recuperarse con rapidez después de una cesárea es descansar lo suficiente. Es imperativo que su esposo o compañero y familiares entiendan esto.
Va a dar el pecho cada dos o tres horas para alimentar a su bebé y conseguir una
buena producción de leche. No tema decir no a las visitas. La diversión y los jue-
gos vendrán después. Su compañero, un familiar o una amiga pueden hacer algo
de los quehaceres de la casa, cocinar y lavar ropa. No se sienta obligada a cocinar
y limpiar. Por ahora tiene una agenda muy básica pero esencial. Amamantar todo el día la mantendrá ocupada. Recuerde que usted cuida de su bebé y alguien
tiene que cuidar de usted.

Una vez en casa, deberá establecer una base para la lactancia. La cama, el sillón o
una silla cómoda son buenos lugares. Trate de tener disponibles estos artículos:

➤ Comida y bocadillos

➤ Agua y líquidos

➤ Teléfono

➤ Control remoto de la TV

➤ Radio

➤ Pañales y toallas húmedas

➤ Frazada para sacar el aire

➤ Ropa del bebé

Es importante tomar muchos líquidos para la recuperación de una cirugía mayor.
Su cuerpo tiene una incisión y su matriz necesita sanar. El agua es su mejor opción,
al igual que leche y jugos. Trate de beber entre seis y ocho vasos llenos de líquido al día. Limite el consumo de cafeína a 200 mg. o menos por día. Su apetito tal
vez sea mínimo pero haga un esfuerzo por comer una combinación de proteínas,
carbohidratos, frutas y verduras.

Camine un poco para moverse, y gradualmente vaya haciéndolo más. Salga unos minutos a tomar aire fresco todos los días sin importar el clima, esto beneficiará su mente. Intente algunos ejercicios de estiramiento dentro de casa en los días que se sienta un poco deprimida. El yoga es una excelente manera de relajarse mental y físicamente.

Haga planes para rentar un tira leche eléctrico de pistón si el bebé no puede asirse a su seno para que lo alimente. Si se demoró con el inicio de la lactancia, quizá también su leche se demore en "bajar". Recomiendo firmemente que use el tira leche rentado para sacar calostro y estimular sus senos. Si el bebé sigue durmiendo mucho en sus brazos, encontrará muy útil el tira leche cuando tenga leche.

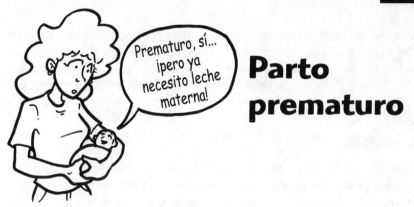

Capítulo 18

Prematuro, sí... ¡pero ya necesito leche materna!

Parto prematuro

No es lo que usted esperaba y en realidad no lo deseaba, pero el hecho es que tiene o tendrá un bebé prematuro. Su papel como madre ahora será diferente. Querrá proporcionar leche materna a su bebé prematuro porque es extremadamente benéfica. Le da un papel activo y ayuda a cumplir algo que planeó para su bebé.

¿Qué sucedió aquí?

Se enfrenta con tantas cosas cuando da a luz un bebé prematuramente: es decepcionante, atemoriza y puede ser muy agobiante. Es lo último que deseaba para su maternidad. La primera persona a quien desea culpar es a usted misma. Empezar la lactancia le ayudará a superar el temor y la decepción que podría sentir como resultado de un parto prematuro.

¡Llegaste antes, bebé!

Un bebé *prematuro* es el que nace antes de las 37 semanas de gestación. Puede verse pequeñito y frágil, o parecer fuerte y sano desde afuera, pero por dentro a menudo surgen problemas de salud en un bebé prematuro, debido a que su sistema es demasiado inmaduro para funcionar en forma adecuada. La tecnología moderna ayuda al bebé prematuro a superar estos problemas. Llevará tiempo para que el bebé crezca y madure.

Algunos de los problemas comunes que se ven en bebés prematuros son:

➤ Dificultad para regular su temperatura

➤ Respiración irregular

➤ Infección

➤ Dificultad para alimentarse

El nacimiento de un bebé prematuro puede resultar por contracciones antes de término. En algunos casos el médico toma la decisión del parto prematuro, ya que la salud de la madre o del bebé puede estar en riesgo. Quizá usted sepa con anticipación que es posible un parto prematuro, pero también puede presentarse cuando menos lo espera.

Dos, tres y más

No es raro que mamás de bebés múltiples tengan partos prematuros. Casi la mitad de los embarazos gemelares nacen antes de tiempo. Los embarazos triples o cuádruples por lo general se ven amenazados por trabajo de parto antes de término; su médico y el personal del hospital normalmente la preparan bien con anticipación sobre un parto prematuro.

El grado de premadurez depende de la edad de gestación de su bebé o bebés al nacer. Mientras más cerca esté del término, será mayor la oportunidad de sobrevivir. Si hay tiempo antes del parto, trate de visitar la Unidad de Terapia Intensiva del Recién Nacido. Se familiarizará con las instalaciones y verá al personal en acción. Tal vez la tranquilice un poco saber dónde pasará sus primeras horas su bebé prematuro.

¿Todavía puedo darle el pecho?

Dar a luz a un bebé prematuro puede crearle sentimientos de temor y culpa en circunstancias de mucha presión. Es muy natural que sienta perder el control, así como la sensación de desamparo.

Afortunadamente, la lactancia puede ayudarle a superar la culpa y el temor. Le da la oportunidad de controlar las circunstancias. Su leche materna es un regalo que sólo usted puede ofrecer a su bebé prematuro.

La leche materna beneficia inmensamente al bebé prematuro. Es mucho más fácil de digerir que la leche de fórmula, protegerá al bebé de infecciones virales y bacterianas y también puede protegerlo de enfermedades intestinales que algunos bebés prematuros adquieren, como diarrea y enterocolitis. Su leche contiene enzimas, hormonas y factores de crecimiento que ayudan a que madure el sistema digestivo y nervioso del bebé.

El calostro ayudará en gran medida contra la excreción de *bilirrubina*, que es un subproducto que resulta del colapso de exceso de glóbulos rojos. El exceso de bilirrubina en la sangre provoca ictericia. Los bebés prematuros pueden desarrollar ictericia en los primeros días después de su nacimiento.

El contenido de su leche materna es específico para la edad de gestación del bebé. Algunos componentes se encuentran mucho más altos que los que se encuentran en la leche materna para un bebé que llegó a término. Encontrará estos componentes mucho más altos en la leche de la mamá de un bebé prematuro:

➤ Proteínas

➤ Sodio

➤ Cloruro

➤ Calcio

➤ Hierro

➤ Nitrógeno

Los bebés que nacen de tres a cinco semanas antes con frecuencia pueden ser amamantados de inmediato. A los bebés enfermos o muy pequeños por lo general no se les puede dar el pecho. En estas circunstancias, necesita empezar a extraerse la leche para establecer su producción, de esa manera tendrá leche suficiente lista para cuando su bebé pueda tomarla.

Si da a luz a más de un bebé, ¡todavía puede alimentarlos! Algunas mamás piensan que ¡mientras más, mejor! Su cuerpo producirá leche para muchos infantes siempre y cuando se estimule y vacíe la leche de sus senos. He tenido a muchas pacientes con gemelos, trillizos o cuatrillizos que los alimentan con leche materna.

Espere esto

La edad de un bebé prematuro determina cuándo puede empezar a succionar de sus senos. Un bebé puede empezar a coordinar su succión, tragado y respiración alrededor de las 33 semanas de edad. Esta habilidad tiene que estar presente antes de empezar a darle el pecho a cualquier bebé.

Los bebés prematuros a los que no se puede amamantar se nutren a través de una línea intravenosa así como de tomas suministradas con un tubo. Si su bebé tiene colocado un tubo para alimentación o respiración, no podrá darle el pecho, pero puede extraerse la leche y hacer que se la den a través del tubo. Este tubo de alimentación tal vez esté en el bebé durante días o semanas hasta que aprenda a tomar su alimento directamente con la boca.

Para establecer y mantener una producción de leche tendrá que extraérsela. Deberá intentar empezar seis horas después del parto de su bebé prematuro. Tal vez haya complicaciones del parto que no le permitan empezar de inmediato, si esto sucede deberá empezar a extraerse la leche tan pronto como pueda hacerlo físicamente. Cualquier calostro que empiece a extraer será muy benéfico para su bebé.

Necesitará tiempo para aprender a sacarse la leche con un tira leche. Aprenderá a hacerlo con un poco de práctica y algo de persistencia. Hágalo lento primero y tenga paciencia, al principio encontrará sólo unas cuantas gotas, pero pronto tendrá volúmenes mayores. Un bebé muy pequeño necesitará sólo una pequeña cantidad de leche. Recuerde que la leche que usted tiene es específica para la edad de gestación de su bebé. Esto significa que el equilibrio de nutrientes es exactamente lo necesario para cada etapa de su crecimiento y desarrollo.

Vacíe sus senos con la frecuencia con que comería su bebé, es decir, alrededor de ocho veces en 24 horas. Esto es lo que se requiere para proporcionar la cantidad de leche que necesitará el bebé. Diseñe un plan para asegurar que se sacará la leche ocho veces al día. Si prefiere dormir toda la noche, tendrá que hacerlo ocho veces mientras está despierta. Si pone un despertador para extraerla durante la noche, entonces puede programarse cada tres horas día y noche. Es útil hacer un plan y comprometerse con él. De otro modo, su producción de leche disminuirá con el tiempo. Proporcionar leche materna a un bebé prematuro o a varios bebés involucrará algo de esfuerzo de su parte. Se requiere compromiso y dedicación para brindar a su bebé prematuro una fuente de nutrición de primera calidad.

Es imperativo que use un tira leche eléctrico de pistón. Este tipo de tira leche es de grado médico u hospitalario. No use nada menos. Este tira leche imita casi a la perfección el ritmo y la acción de succión del bebé. Con un tira leche médico, podrá ajustar la fuerza de la succión y es lo mejor posible para sostener su producción de leche mientras el bebé no puede tomar directo de sus senos. El piso de maternidad o la Unidad de Terapia Intensiva tiene disponible este tipo de tira leche eléctrico de pistón mientras esté en el hospital. Si no hay uno, pida ayuda para localizarlo.

Es mejor que vacíe ambos senos al mismo tiempo. En otras palabras, debe hacerlo simultáneamente porque ahorra tiempo y está demostrado que provoca niveles más altos de prolactina para una mayor cantidad de leche. Necesitará un paquete doble de accesorios para lograrlo. Empiece a vaciar cada uno de los senos durante cinco minutos hasta que tenga leche. Cuando empiece a aumentar el volumen de leche querrá sacarla hasta que queden vacíos. Es muy útil dar masaje a los senos antes de vaciarlos. También dé masaje mientras saca la leche, para estimular el flujo, la producción y el buen vaciado de los senos. Una vez que aumentó su volumen de leche, espere que el vaciado doble le lleve entre 10 y 15 minutos.

El hospital o la Unidad de Terapia Intensiva del Recién Nacido tendrán lineamientos específicos de recolección y almacenaje de leche materna para un bebé prematuro. Pida una copia de estos lineamientos. Aquí presento algunos pasos básicos a seguir cuando se extrae leche para un bebé prematuro:

1. Lavarse las manos.

2. Usar accesorios y recipientes de recolección limpios.

3. Dar masaje a cada seno en preparación para el vaciado.

4. Comenzar con vacío bajo y aumentar hasta una cantidad cómoda de succión.

5. Bombear hasta que el flujo de leche disminuya a goteo.

6. Lavar todos los accesorios y las partes del tira leche que tocaron los senos o la leche. Use agua tibia jabonosa y enjuague bien con agua limpia y caliente.

7. Esterilizar los accesorios y recipientes del tira leche en agua hirviendo o en una máquina lava vajillas, cuando menos una vez al día.

Una vez que se establece su producción de leche, trate de recolectar entre 15 y 20 onzas al día. Tal vez le parezca mucha pero es mejor tener una reserva grande. Las cantidades recolectadas pueden variar. Guarde todo lo que pueda sacarse, ya que quizá se sentirá tensa y esto hará disminuir su producción. Con leche extra a la mano no tendrá pánico si su producción baja un poco temporalmente.

Los recipientes de leche materna deben etiquetarse con su nombre, el nombre del bebé y la fecha y hora en que la recolectó. Si la leche se usará dentro de 24 a 48 horas puede refrigerarla. De otro modo, asegúrese de que usted o el personal del hospital transfieran la leche directamente al congelador. Recuerde mantener fría cualquier leche refrigerada. La leche congelada debe conservarse en congelación cuando la transporte al hospital. Llévela en una hielera aislada con hielo.

Su compañía de seguros deberá cubrir los gastos de renta del tira leche eléctrico de pistón y cualquier artículo necesario. Como su bebé prematuro está hospitalizado, existe la necesidad de usar equipo médico durable mientras usted está fuera del hospital. Llame a su aseguradora para preguntar si necesita autorización previa. Tal vez ya tengan un proveedor contratado para este tipo de equipo. Por lo general se requiere la prescripción del médico por escrito donde se especifique "Tira leche eléctrico de pistón".

Su plan de alimentación

Es posible que pueda dar el pecho a su bebé prematuro de inmediato. El equipo de cuidado de la salud probablemente determine que el bebé está listo para succionar de los senos. Aunque vale la pena que pregunte cuándo será posible alimentarlo.

En sus marcas, listos, ¡a comer!

La lactancia de un bebé prematuro la hará reír y agobiarse al mismo tiempo. Trate de sostenerlo como balón de fútbol americano o atravesada en la cuna para las primeras tomas. Estas posiciones le permiten sostener la cabeza del bebé con su mano y también ayudan a poner al bebé en el nivel correcto para que se pegue al pecho.

También es muy importante que esté en una silla o sillón que ofrezca buen apoyo para la espalda. Su postura y posición son vitales para estas primeras veces. Use una silla alta y muchas almohadas para sostener al bebé y ayudar a colocarlo en sus senos.

Al principio el bebé sólo jugará con la lengua alrededor de su pezón. Está bien. La lactancia es una habilidad nueva que aprenderá el bebé. Necesitará ser paciente y entender. Sáquese la leche con los dedos, ya que esto despierta interés en el bebé al oler la leche que le ofrece. No es raro que los bebés prematuros se peguen y se despeguen del pecho con estas primeras sesiones. Si su bebé no come con estos primeros intentos, sólo recuerde que amarlo y sostenerlo en sus brazos es extremadamente benéfico. Sostener a su bebé es un evento importante en sí mismo. La paciencia y el tiempo permitirán al bebé ajustarse a la lactancia.

Una vez que el bebé prematuro se alimente de su pecho, usted buscará alguna señal de que todo está bien. Busque las siguientes señales con la lactancia para asegurar que las cosas van por buen camino:

➤ Puede escuchar al bebé tragar la leche.

➤ El bebé queda satisfecho cuando termina de darle el pecho.

➤ El bebé sube de peso. Considere aproximadamente una onza cada día.

Una vez que el bebé empiece a succionar de sus senos y a tomar leche materna, probablemente empezará a disminuir la frecuencia de su vaciado artificial. Esto también dependerá de la fuerza de succión del bebé. Una buena regla básica es esperar usar el tira leche algunas veces durante un mes después de que se dio de alta al bebé.

Sólo un poco, por favor

Cuando ya pueda alimentarlo, en muchos casos podrá notar que el bebé prematuro está somnoliento. Es una conducta común. Como resultado, no succionará con tanto vigor como un bebé que llegó a término. El bebé prematuro quizá se quede dormido mientras come antes de haber ingerido alimento suficiente. Si esto sucede, recuerde extraerse la leche para vaciar sus senos y mantener su producción.

Es posible que el bebé tome toda la leche durante el día, o tal vez esté despierto durante la toma y se quede alerta un rato después. Si no es así, tendrá que continuar usando el tira leche eléctrico después de cada toma. Hágalo durante cinco minutos después de que el bebé terminó de comer, esto estimulará de manera eficaz y extraerá cualquier leche que el bebé dormilón no haya bebido. Almacene y congele esta leche para uso posterior, si fuera necesario.

Algunos bebés necesitan nutrientes adicionales, llamados fortalecedores, debido a su pequeño tamaño e inmadurez. Si es necesario, el calcio y el fósforo adicionales pueden mezclarse con su leche materna para proporcionar estos nutrientes. Su médico indicará si la leche materna de su bebé necesita un fortalecedor. La leche materna fortalecida puede darse en un gotero, un biberón o cualquier dispositivo adecuado para el efecto.

Para añadir peso a un bebé prematuro deberá también extraer sólo la *leche posterior*. Ésta ofrece las calorías concentradas de la crema para subir de peso. Para hacerlo, necesita sacarse la leche con un tira leche durante casi dos minutos y luego cambiar los recipientes. Entonces recolecte la leche posterior que se saque y con ella alimenta al bebé. Alimentar al bebé principalmente con leche posterior, por lo general, aumenta su peso en dos o tres semanas.

Más de una boca que alimentar

Es totalmente posible amamantar a más de un bebé al mismo tiempo. Si empieza su lactancia en el hospital, asegúrese de tener todas las manos posibles para que le ayuden. Solicite un consultor de lactancia, así como cualquier enfermera con experiencia de la Unidad de Terapia Intensiva, porque ellos pueden ofrecer sugerencias, ayudarla a intentar tomas simultáneas y discutir el uso de cualquier suplemento alimenticio.

Recuerde que después de muchos días y semanas de sacarse la leche, le llevará un tiempo poder amamantar a varios bebés exclusivamente de sus senos. Esto significa que tendrá que continuar con algún alimento alternativo mientras los bebés pueden amamantarse por completo. Empiece a amamantar a uno que esté dispuesto a asirse a su pecho. Con el tiempo, verá que es más fácil alimentar a dos bebés al mismo tiempo. No se preocupe; cada bebé tendrá la nutrición que necesita de sólo uno de sus senos. Use el método con el que se sienta más cómoda. No tema seguir su instinto maternal.

Ser mamá de y amamantar a dos o más bebés requiere mucha organización. Encontrará que es útil llevar un registro diario de las actividades de lactancia. Registrar el número de tomas, de cuál seno tomó cada bebé y la duración de la toma ayuda a mantenerla sana con dos o más bocas que alimentar. También llevar un registro de los pañales mojados y sucios le da una forma de evaluar su progreso.

Un ejemplo de registro de lactancia es como éste:

Registro de lactancia

Nombre del bebé: _____
Fecha: _____
Día #: _____

Número de la toma	Duración	Cuál seno (D=derecho; I=izquierdo; A=ambos)	Pañal mojado	Pañal sucio
❏ 1	_____	D/I/A	❏	❏
❏ 2	_____	D/I/A	❏	❏
❏ 3	_____	D/I/A	❏	❏
❏ 4	_____	D/I/A	❏	❏
❏ 5	_____	D/I/A	❏	❏
❏ 6	_____	D/I/A	❏	❏
❏ 7	_____	D/I/A	❏	❏
❏ 8	_____	D/I/A	❏	❏
❏ 9	_____	D/I/A	❏	❏
❏ 10	_____	D/I/A	❏	❏
❏ 11	_____	D/I/A	❏	❏
❏ 12	_____	D/I/A	❏	❏
Total	_____	_/_/__	_____	_____

Necesitará más de un par de manos para empezar la lactancia de sus bebés. Alguien debe ayudarle a sostener a los bebés mientras aprende sus nuevas habilidades.

Hogar dulce hogar

La noticia de que su bebé vendrá a casa seguramente le pondrá lágrimas en los ojos. Por fin estará a cargo, aunque puede sentirse agobiada y asustada por estar sola. Después de todo, ha tenido ayuda y apoyo constantes del personal del hospital. Ahora es el momento de poner en práctica sus habilidades de maternidad y lactancia.

El hospital dará de alta a un bebé prematuro cuando se cumplan ciertos criterios. Esto puede variar de un médico a otro y de un hospital a otro. Es necesario cierto peso, y la condición física de un bebé pequeño debe ser satisfactoria. Los médicos considerarán estos factores antes de dejar salir a un bebé prematuro:

➤ Habilidad para succionar y tragar

➤ Sin enfermedades

➤ Sin complicaciones

➤ Sin problemas respiratorios

Pase uno o dos días completos con el bebé antes de ir a casa. Alimentarlo según lo demande ayuda a construir confianza con la lactancia. Pida al consultor de lactancia que observe al bebé mientras come. Antes de ir a casa solicite todos los consejos posibles y haga todas las preguntas que necesite hacer. Pregunte sobre el aumento de peso del bebé, pregunte al médico cuándo tiene que verlo para revisar su peso. Si el peso le preocupa, quizá desee tener una báscula para verificar y registrar si hay aumento de peso.

Si hizo su tarea, ya localizó un proveedor de tira leche eléctrico. Si no, deberá pedir al personal del hospital o al pediatra que le recomienden uno. Ellos le indicarán el tipo de tira leche que necesita. Probablemente tendrá que seguir usando el tira leche para sacarla después de las tomas, hasta que el bebé tenga el peso adecuado para comer bien. Asegúrese de preguntar a su compañía de seguros sobre las visitas de seguimiento para su bebé después de que lo den de alta.

Capítulo 19

Hospitalización

Algunos aprendemos de la manera más difícil. No creemos ni consideramos la posibilidad de que pueda suceder algo fuera de lo normal en nuestro cuerpo. No tenemos espacio en nuestras agendas para enfermarnos, tener un accidente o requerir una cirugía. Algunos percibimos la señal de que no nos sentimos muy bien pero elegimos ignorarlo. Entonces tenemos que dedicar tiempo a curarnos.

Siempre es posible que surjan situaciones en las que usted o su bebé necesiten atención médica, y esa atención tal vez se lleve a cabo en una instalación médica. Su proveedor del cuidado de la salud puede concentrarse únicamente en su enfermedad o problema, mientras usted se concentra únicamente en su lactancia. Veremos en este capítulo el manejo de la lactancia si surge una enfermedad o emergencia que pongan a usted o a su bebé en el hospital.

¿Qué sucedió aquí?

Si ocurre una enfermedad, un problema o una emergencia, es posible que usted y su bebé requieran un viaje al hospital. Con los costos de cuidado de la salud siempre altos, abatirlos es ciertamente un problema con muchos médicos y proveedores del cuidado de la salud. Es por ello que se practica la medicina preventiva. Ayuda a mantenerla sana y salva. Pero no estoy muy segura de su presupuesto. Una necesidad médica requiere hospitalización. Entonces, si su médico le dice que vaya, tendrá que ir.

¿Dentro o fuera?

Nadie quiere ir al hospital, y menos quedarse ahí por un tiempo. Dependiendo de su situación, el hospital proporcionará servicios médicos en uno o dos tipos de pacientes: *externos* e *internos*.

Paciente externo significa que pueden atenderlo en una clínica, en una sala o en un área del hospital donde su estancia es breve y se convierte en una persona transitoria. Si la enfermedad o el problema que tiene puede tratarse en un tiempo relativamente corto, se le registra como paciente externo. También se puede admitir a su bebé como paciente externo si el cuidado necesario es breve y sencillo. Algunas instalaciones tienen periodos de observación de 23 horas, donde puede retirarse antes de que el reloj marque la media noche. Esto significa que no se le hospitalizará ni clasificará como "paciente interno".

Paciente interno significa que se le asigna una cama del hospital y se le cuenta entre el número de personas hospitalizadas y con servicio en su habitación. El cuidado que recibe en un hospital es aquel que por lo general no se puede proporcionar en casa. Tal vez necesita cuidado constante e intenso de cierto número de profesionales. Los procedimientos y el equipo están disponibles para ayudar a su tratamiento y cuidado. Si hospitalizan a su bebé, es muy probable que necesite cuidado como paciente interno.

Mami no se siente bien

Siempre existe la posibilidad de que mamá se enferme o desarrolle alguna condición que requiera hospitalización. Esto puede suceder durante el embarazo, con el parto o después del parto. La familia se da cuenta del hogar increíblemente vacío que tienen sin mami en la casa.

Pueden surgir algunas condiciones durante el embarazo y el parto que requieran hospitalización. Algunas de éstas incluyen las siguientes:

➤ *Trabajo de parto antes de término*

➤ Presión arterial alta

➤ *Diabetes*

➤ *Anemia*

➤ Complicaciones en el parto

Su atención en estas condiciones está disponible sólo como paciente interno. Su estancia ahí durará lo que el médico considere necesario. De nuevo, el equipo y los medicamentos, así como el personal capacitado, están a la mano sólo en el hospital. Le guste o no, tendrá que aceptarlo.

Algo quirúrgico

Algunas situaciones requieren intervención quirúrgica y pueden surgir en forma repentina. La noticia de que necesita una operación puede caerle como una bomba, a menos que tenga un dolor insoportable y prefiera cualquier cosa que le haga sentirse mejor.

Las cirugías no planificadas para mamás que dan el pecho pueden incluir cualquiera de éstas:

➤ Apendicectomía

➤ Histerectomía

➤ Colecistectomía

➤ Extirpación de quistes

También puede tener planes de una cirugía después del parto, lo que no será una sorpresa. He visto mamás programar cirugía oral, procedimientos ortopédicos y hernias que no era posible realizar durante el embarazo. Muchas veces estas cirugías programadas se hacen como paciente externo, lo que significa que entra y sale del hospital el mismo día.

Cuidado especial para el bebé

Cuando es el bebé quien necesita intervención médica, el pensamiento o la mención de hospitalización es devastadora para una nueva mamá. En ocasiones la madre pregunta una y otra vez "¿qué se pudo haber hecho para evitar que sucediera esto?". La verdad es que no importa lo preparada que esté o lo cuidadosa que sea, simplemente las cosas suceden.

Cualquier número de circunstancias puede requerir hospitalización del bebé. En las primeras semanas después del parto, alguna de las siguientes quizá requiera hospitalización:

➤ *Deshidratación*

➤ *Ictericia*

➤ Bebé prematuro

➤ Infección en vías respiratorias

➤ Diarrea

➤ Cirugía

➤ Estudios para diagnóstico

Le romperá el corazón, sin mencionar el miedo terrible, tener que hospitalizar a su bebé. Se sentirá desvalida cuando los médicos y las enfermeras asuman el cuidado de su precioso regalo de la vida. Se preguntará más de una vez qué pudo haber hecho para evitar esto. Asegúrese de tener en su lugar una red de apoyo y, lo más importante, no se culpe por lo que sucedió.

¿Todavía puedo darle el pecho?

Iré al grano. La lactancia puede continuar con la mayoría de estas situaciones, siempre y cuando estimule y vacíe sus senos regularmente. Recuerde que es vital que vacíe toda la leche para evitar una infección en los senos, así como para regular su producción. El vaciado regular y frecuente impide que la leche cause irritación en los conductos y se estanque en las glándulas mamarias. Si ocurre estancamiento de leche, la producción disminuirá.

Tiene estas dos opciones para estimular y vaciar sus senos en forma regular:

➤ La primera es continuar con la alimentación normal, en la que el bebé succiona de sus senos con frecuencia para vaciarlos. Es bueno tanto para usted como para su bebé que continúe con las tomas como ya se establecieron. Si usted o el bebé no pueden hacerlo bajo las circunstancias, tendrá que recurrir a la siguiente opción.

➤ Su segunda opción es vaciar la leche de sus senos con un (adivinó) ¡tira leche médico de pistón! Si el bebé no puede succionar, el tira leche eléctrico ayuda a simular su succión a través del vacío y la acción de ciclos. En pocas palabras, es eficaz, efectivo y se usa tan seguido como sea necesario para vaciar los senos.

Esté consciente de que algunos estudios para diagnóstico o procedimientos interfieren o comprometen su recolección de leche. Cuando se usa material de contraste o radioactivo, lo mejor es verificar con su médico sobre el tiempo para eliminarlos de su sistema. Si le aconsejan o le prohiben alimentar a su hijo directamente de sus senos, necesitará conservar la producción de leche con vaciado mecánico.

La cirugía definitivamente pondrá en pausa su lactancia en forma temporal, pero sólo por poco tiempo. Si recibe anestesia general, podrá dar el pecho después de que los gases se metabolicen en su sistema, lo cual significa que tendrá que estar, desde el punto de vista del hospital, despierta, alerta y orientada. Tendrá que sostener al bebé y estar alerta para poder alimentarlo. La mayoría de los anestesiólogos permiten la lactancia dentro de las 24 horas después de que se administró la anestesia. Otros la permiten cuatro o seis horas después de que empezó a circular en su torrente sanguíneo. Lo mejor es preguntar. Llame a un profesional de la lactancia para que le sugiera anestésicos que permitan reanudar su lactancia rápidamente. El anestesiólogo tal vez no sepa. Si su cirugía es programada, puede llamar con anticipación y preguntar sobre cuándo reiniciará la lactancia después de la cirugía.

Si el bebé es el paciente, ya sea interno o externo, pregunte al personal a cargo sobre la alimentación de su bebé. Con suerte, si es la Unidad de Terapia Intensiva del Recién Nacido, apoyarán su decisión de amamantarlo. Usted es lo que llaman cliente fácil. Si su producción de leche ya se estableció, trate de continuar alimentándolo todo lo posible.

Podrá alimentarlo si no presenta dificultad con la combinación de la lactancia y su respiración. El bebé también tendrá que estar despierto y alerta. Un bebé dormido, como los que padecen ictericia, quizá no puede asirse al pecho y mantener una estimulación buena y efectiva de sus senos. Recuerde que es esencial tener estimulación efectiva y eficiente para conservar una buena producción de leche.

Cuando sus circunstancias son de emergencia, la situación cambia mucho. Probablemente leerá esto después del hecho. Ojalá que no. Alerte a su esposo o compañero que deberá consultar este libro en caso de una emergencia. Ya sea una emergencia de usted o del pequeño, alguien cercano debe saber manejar la lactancia en estas circunstancias.

Usted, la madre, necesitará mantener su producción de leche cuando esté físicamente apta para hacerlo. En otras palabras, si está demasiado enferma para sostener al bebé y alimentarlo de sus senos, entonces no es posible la lactancia real. Debe recordar que la seguridad del infante es la prioridad. Si no puede sostener al bebé mientras lo alimenta, entonces probablemente necesitará un tira leche mecánico.

Esto es lo que sucederá

Comenzaré por explicar las circunstancias más sencillas que se pueden esperar y luego pasaré hacia las más difíciles.

Unidad pediátrica

Si el bebé se vuelve a hospitalizar después del parto, seguramente será en el piso pediátrico o en la Unidad Pediátrica de Terapia Intensiva. La admisión del bebé en la Unidad Pediátrica es la situación más fácil en lo que respecta a la lactancia. No es un concepto raro para el personal, ni se reirán en este departamento. Esto significa que el personal de pediatría apoyará sus deseos y necesidades de alimentar usted misma a su bebé.

Si fuese necesario extraerse la leche, la mayoría de las unidades pediátricas en un hospital tienen tira leche médico de pistón. De hecho, por lo general tienen más de uno, dependiendo del promedio de bebés que atienden en la unidad. Pregunte dónde encontrarlo o por la sala designada para esto, y los lineamientos para almacenar la leche materna. También pregunte por los recipientes o bolsas disponibles para congelar su leche. A menudo el personal será amable y le dirán los procedimientos, le darán directrices para almacenar la leche y le mostrarán el tira leche en el piso o en la sala designada. Si está demasiado agobiada, pida a su esposo o compañero que haga la investigación.

135

Admisión en el piso de cirugía

Muy bien, dije que primero sería lo sencillo. Suponga que la internan en el piso de cirugía y pregunta a la enfermera asignada a su cuidado por un tira leche médico. Se le queda mirando sin expresión, no tiene idea de qué le habla. Lo mejor es solicitar una enfermera mayor con experiencia, quien seguramente irá a un armario o hará una llamada telefónica para buscar el antiguo tira leche. No se asuste. Un poco de pulido y el acero inoxidable se verá como nuevo.

Es importante saber que este tipo de tira leche es un "burro de carga". No deje que su apariencia la asuste, sólo necesita un paquete de recolección, ensamblarlo, conectarlo y estará listo. El reto es encontrar a alguien que localice el aparato. Si es posible, pida al personal que se ponga en contacto con un consultor de la lactancia dentro del hospital. Esta persona por lo general puede buscar o localizar lo que necesita, aunque no es mala idea revisarlo y ver las instrucciones. No hay nada peor que tener todas las partes y las piezas y no saber qué hacer con ellas.

¡Emergencia!

El siguiente escenario es la sala de emergencias o la sala de operaciones. Si es paciente de emergencias o se encuentra hospitalizada y va hacia el quirófano, tendrá que encontrar a alguien que comprenda las palabras "tira leche". Quizá no sea muy frecuente que haya pacientes con necesidad de sacarse leche en estos departamentos. Pregunte por alguien que conozca el tira leche de pistón. Mejor todavía, pregunte sobre la posibilidad de contactar al consultor de la lactancia. Deberá tener un tira leche mecánico de pistón y el paquete de recolección para cuando sea necesario.

Procedimientos de pacientes externos

Por último, pero no menos importante, es una situación donde se le hospitaliza para pruebas o procedimientos como paciente externa. Trate de mantener al bebé cerca de usted, con papá o alguien que lo cuide, y continúe alimentándolo. Si el bebé no puede estar con usted para que lo alimente, necesitará sacarse la leche. De nuevo, esto significa un buen tira leche de pistón. El reto comienza en tratar de localizar uno o pedir a alguien del departamento que lo localice. Si es posible, deberá pedir un consultor de la lactancia o, mejor aún, llamar a uno usted misma y preguntar sobre la disponibilidad del tira leche en caso de que lo necesitara. No olvide que necesitará un paquete de recolección que por lo general tienen almacenados en el piso de maternidad o postparto.

Alimentar a su bebé desde el hospital

Si no logra alimentar a su bebé bajo cualquiera de estas circunstancias, tendrá que recurrir al vaciado mecánico, es decir, sacarse la leche de los senos con la frecuencia con que come su bebé. Si esa frecuencia es cada dos o tres horas, o cada tres o cuatro horas, deberá mantenerla igual con el tira leche durante su estancia en el hospital.

Es vital que conserve la misma frecuencia porque podría presentar infección en los senos y dado que ya está hospitalizada, lo último que desea es tener una infección. Debe explicar esto al personal que está a cargo de su salud. Recuerde que pocos profesionales del cuidado de la salud reciben capacitación formal o adecuada sobre el manejo de la lactancia. Es muy probable que usted conozca más que el personal a su cuidado.

Cuando se requiere cirugía, es mejor hablar con el anestesiólogo antes del procedimiento. Debe saber qué anestésicos usarán y sobre el regreso a la lactancia. He visto mujeres que reanudan su lactancia entre dos o cuatro horas después de la cirugía. La frecuencia con que vacía sus senos hace una gran diferencia. Si alimenta a su bebé de sólo tres meses cada cuatro horas, es muy diferente a una mamá que lo alimenta cada dos horas.

Si sabe que es necesario hospitalizarla, es mejor llamar con anticipación. Puede proporcionarles la fecha y la hora en que se internará y tratar de hablar con el consultor de la lactancia del hospital. Podría compartir la siguiente información:

➤ La fecha y la hora de su procedimiento o cirugía

➤ Los anestésicos, los medicamentos, los medios de contraste o los materiales radiactivos que se usarán durante su estancia

➤ Si está familiarizada con el uso de un tira leche

➤ La edad de su bebé

➤ Cualquier información pertinente sobre su experiencia con la lactancia

➤ Si ha visto o trabajado con un consultor de la lactancia

A menudo hay una cama disponible en el cuarto del bebé para que pueda continuar alimentándolo. Si su bebé está en la unidad pediátrica y no tiene acceso directo a él, necesitará sacarse la leche para que el personal de la unidad lo alimente con la misma frecuencia con que lo hacía antes de esta situación. Recuerde que la leche materna tiene propiedades valiosas para combatir infecciones y la mayoría de los bebés enfermos que se alimentan con leche materna se repondrán más rápidamente. Los anticuerpos y las inmunoglobulinas crean una increíble línea de defensa contra bacterias y virus.

Si está hospitalizada, una opción para ofrecer a su bebé leche materna es una donadora. Su médico puede ordenar leche pasteurizada de la donadora al hospital y tenerla lista para su bebé. Igual que con las transfusiones, el tiempo es vital para estas circunstancias. Tenga en mente el tiempo de transporte, la disponibilidad y la educación del personal sobre los beneficios de la lactancia y la donación de leche materna.

En realidad, todo hospital debe tener suministro de leche de donadora en congelación para alimentar a bebés que necesiten un suplemento. Esto permite al bebé recibir sólo leche humana y elimina la exposición a un sustituto. También elimina muchos dolores de cabeza y del alma de los padres que decidieron alimentación sólo de leche materna para su bebé. Desgraciadamente, la mayoría de los hospitales en los Estados Unidos no almacenan leche materna. Aunque puede preguntar a su médico sobre solicitar una donadora de leche para su hospital o bebé si se volviera necesario.

Capítulo 20

Duele

Se supone que su lactancia debe ser una experiencia cómoda y satisfactoria. Después de todo, ¿por qué hacerlo si la hace sentirse incómoda y no le satisface? Las mamás que amamantan parecen tener una queja común que quizá ya ha escuchado, y es el ardor en los pezones.

Es importante que sepa cómo ocurre, qué puede hacerse al respecto y cómo prevenir para que no suceda desde un principio. Conocí algunas mamás que renunciaron a la lactancia porque les dolía. Conocer la causa del ardor en los pezones le ayudará a evitar la queja número uno sobre la lactancia.

¿Qué sucedió aquí?

Puede llegar a sentir un grado ligero de sensibilidad en los pezones durante los primeros días de lactancia. Después de todo, el tejido del pezón y la areola nunca habían recibido la cantidad de succión que su bebé está aplicando. Es como estrenar un par de zapatos de piel. Existe cierta incomodidad. Esta sensibilidad se presenta en la mayoría de las mamás que amamantan entre el día tres y el seis. Es temporal o transitoria, y deberá sentirse mejor en poco tiempo. La sensibilidad siempre disminuirá y no dará mayor problema. Relájese sabiendo que esta incomodidad es temporal y que su condición mejorará.

Cuando alguien se queja de "dolor" después de la primera semana, es posible que la sensibilidad de los pezones se haya convertido en irritación, la cual dura más allá de la primera semana y se vuelve dolorosa como advertencia de que algo está mal. La lactancia es una actividad que ocurre entre usted y su bebé, ambos necesitan ser observados con el fin de encontrar la causa y tratar de corregirla.

Básicamente, existen dos clases de irritación relacionadas con la lactancia. En un caso, el pezón se *irrita*, y en el otro se *agrieta* y es algo más severo. Los pezones irritados y agrietados son algo común que sucede por varias razones, que pueden ser las siguientes:

➤ Posición inadecuada en el pecho.

➤ El bebé ha succionado de un pezón de hule o chupón.

➤ Lactancia vigorosa debido a tomas poco frecuentes.

➤ Se retira al bebé del pecho sin que haya dejado de succionar.

➤ El bebé tiene el frenillo apretado.

Cuando el bebé no se coloca adecuadamente en el pecho, definitivamente provoca irritación del pezón. Por la abrasión que se ejerce por la mala posición ocasiona ampollas y grietas. Puede ser la lengua del bebé, las encías o los labios lo que crea el contacto de presión contra el tejido de los pezones. Por lo general, vemos que el contacto con presión ocurre en estas circunstancias:

➤ El bebé tiene en la boca sólo el pezón y no la areola.

➤ La boca del bebé no abre lo suficiente para asirse al pecho.

➤ Los labios del bebé están hacia dentro y no hacia fuera.

➤ El bebé está colocado muy bajo en el pecho ocasionando estiramiento y presión sobre el tejido de la areola.

Si su bebé empezó a succionar de un pezón artificial, la succión durante la lactancia en ocasiones se vuelve confusa. Cuando la toma es desde un biberón, el bebé sostiene en forma estacionaria el pezón artificial con sus encías. La lengua sólo controla el flujo de líquido de la botella cuando se aplica succión. Una vez que aprendió esto, el bebé no comprimirá los senos lácteos con sus encías y no jalará leche del seno con la lengua cuando lo alimente. El resultado es agrietamiento en los pezones debido a un patrón equivocado que aprendió.

La lactancia vigorosa resulta cuando el bebé tiene demasiada hambre. Esta hambre voraz ocurrirá si se demora la frecuencia de las tomas. El tejido de su piel no soportará el vigor de la succión de un bebé hambriento. Darle el pecho con frecuencia mantendrá satisfecha el hambre de su bebé.

Si retira al bebé del seno sin primero suspender la succión, esto también es dañino para el pezón. No corte las tomas antes esperando evitar irritación en los pezones, ésta no viene de tomas muy largas y prolongadas, ni viene tampoco de tomas frecuentes. Si escucha esto de un médico puede aprovechar la oportunidad para corregirlo, o ignorar totalmente lo que le diga.

Una condición conocida como "anquilosis" en ocasiones provoca irritación en los pezones. Con esta condición, la lengua del bebé se pega firmemente a la parte inferior de la boca con una banda gruesa de tejido conocida como *frenillo*. Si el frenillo está demasiado cerca de la punta de la lengua, puede lastimar el pezón y provocar irritación. La lengua se pone en forma de corazón cuando el bebé trata de levantarla y moverla, y como resultado sólo muerde el pezón y lleva a irritación del mismo. No deje pasar esta condición como una causa de irritación de pezones. No es problema en la alimentación con biberón ya que el bebé normalmente muerde el pezón artificial.

¿Todavía puedo darle el pecho?

La mayor parte del tiempo, la irritación en los pezones no es cuestión de "¿puedo seguir dándole el pecho?". Dependiendo de la severidad de la irritación, la cuestión es: "¿puedo dejar de darle el pecho?". El tejido del pezón es muy sensible y por lo tanto es muy incómodo si se irrita o se agrieta.

Sí, todavía puede darle el pecho, pero necesitará tomar acciones para corregir la raíz de su problema. La irritación no mejorará hasta que se encuentre la razón. Puede eliminar algunos problemas usted misma hallando la raíz de la irritación. Si toma algunas medidas proporcionará alivio a los pezones irritados mientras alimenta al bebé.

Alivio básico

Colocar al bebé correctamente en su pecho mientras lo alimenta es el remedio más básico con el que debe empezar. Un ángulo extraño, sosteniendo al bebé lejos del pecho, y dejar que sus hombros se inclinen hacia el bebé, son posiciones que puede mejorar. Hasta ahora nunca he conocido una mamá que me diga que al cambiar la posición no ha mejorado la sensación de amamantar.

Es necesario enfatizar de nuevo el poder curativo básico de la leche materna. Las inmunoglobulinas, las grasas de la leche y las proteínas contribuyen a sanar las células de su piel. Frotar leche materna en los pezones y areolas ofrece algo de alivio rápido y ayuda a curar su piel.

Es esencial mantener las almohadillas de los senos que están en contacto con la piel siempre secas. Pregunte a alguien que haya dejado un pañal mojado en el bebé mucho tiempo cuáles son los resultados. La piel empieza a macerarse o romperse cuando se expone a humedad por periodos prolongados. Debe cambiar las almohadillas cuando se mojen y después de cada toma.

Siempre es bueno exponer sus pezones y areolas al aire en cada toma, durante unos cuantos minutos después de alimentar al bebé. No es necesario que exponga los senos mucho tiempo, permita sólo que circule algo de aire fresco para secar la piel completamente.

Alivio con productos

Durante cientos de años se ha usado lanolina para curar la piel. Ésta se deriva de la lana de las ovejas y ofrece propiedades *emolientes* cuando se aplica sobre la piel. Hay muchas mamás que ofrecerán testimonios personales sobre el poder curativo de la lanolina.

También el uso de un protector para los senos ofrece alivio a mamás con pezones irritados. Use el protector sobre el pezón y haga que su sostén lo mantenga en ese lugar. Evita que la ropa le lastime o se pegue contra el pezón irritado. Además, el protector tiene orificios que permiten que circule el aire. Se puede quitar los protectores por la noche y dejar de usarlos mientras duerme.

Debe considerar tomar un analgésico ligero para aliviar cualquier molestia o dolor. El analgésico es un medicamento que ayuda a aliviar el dolor. Por lo general, el médico receta analgésicos para aliviar el dolor después del parto. Si elige tomar un analgésico, deberá ingerirlo 30 minutos antes de dar el pecho a su bebé.

También es posible usar protección para los pezones irritados durante la toma. Ésta es silicón delgado y elástico en forma de pezón humano. Se coloca sobre el pecho como cubierta y le permite alimentar al bebé. La pezonera debe usarse con mucho cuidado. Recomiendo ampliamente que la use bajo la supervisión de su profesional de la lactancia, ya que es posible que no permita una buena estimulación y compresión de los senos lácteos. Esto conduce a un vaciado inadecuado de los senos y así a una producción inadecuada de leche.

*La pezonera Ameda®
para aliviar los pezones
irritados.*

(Fuente: Hollister, Inc.)

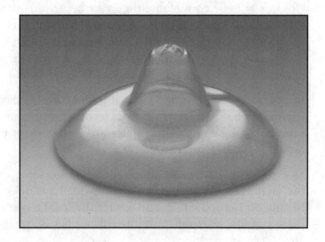

Espere esto

La piel de un pezón irritado aparecerá enrojecida y con grietas. La punta del pezón también puede verse blanquizca o pálida después de que el bebé se separe de su seno. La irritación comienza justo cuando el bebé empieza a comer. Debe desaparecer cuando el bebé succione correctamente del pecho y con el flujo de leche.

La irritación de los pezones puede causarse por el uso de un tira leche eléctrico. Si experimenta irritación al principio cuando se saca la leche con un tira leche, tal vez el vacío es demasiado alto. Deberá ajustar el control de vacío a la cantidad mínima necesaria para que salga leche del seno. El vacío muy alto con frecuencia es la causa de irritación en los pezones cuando se usan tira leches mecánicos. También es muy importante que use el tamaño correcto de protector de senos para su pezón. El reborde y el túnel del pezón del protector deben tener el tamaño preciso para evitar abrasión del pezón cuando se aplica succión.

La piel del pezón lastimado aparecerá agrietado o ampollado. En ocasiones hay ampollas o grietas en forma de media luna arriba o abajo del pezón. Los pezones estarán inflamados y sentirá ardor, especialmente cuando están enrojecidos. Esto significa que la lactancia a veces duele. Si se rompe una ampolla o grieta, verá que sale un líquido acuoso de la herida, eso empezará la cicatrización, así que déjelo ahí. No haga más que sólo empapar un algodón con agua tibia y limpiarse con suavidad.

La irritación debe empezar a sanar tres o cuatro días después de que se tomaron las medidas curativas. También ya debe haber identificado la causa de la irritación. Siga trabajando en colocar correctamente al bebé en cada toma. Puede elegir alimentarlo con menor frecuencia del seno lastimado. Extraerse la leche del otro seno puede ofrecer algo de alivio por uno o dos días.

Su plan de alimentación

Si en algún momento no puede tolerar la lactancia debido al dolor, deberá buscar ayuda de un médico con experiencia o de un profesional de la lactancia. Examinarán su forma de alimentar al bebé y tratarán de ayudar a resolver cualquier problema que tenga. No espere hasta que sea demasiado tarde para conseguir ayuda profesional. Cuando identifique problemas con la posición o la forma en que el bebé se pega a su seno desde el principio, con frecuencia podrá reanudar su lactancia mientras se reduce cualquier molestia o dolor.

Intente algunas de las siguientes técnicas para hacer su lactancia más cómoda y ayudar a eliminar cualquier causa de irritación en los pezones:

➤ Dé masaje a sus senos antes de empezar. Esto promueve el flujo o liberación de leche y ayuda a satisfacer el hambre de su bebé rápidamente.

➤ Asegure que el bebé esté colocado hacia usted al nivel de su pecho. El bebé deberá abrir la boca grande y asirse a la areola. La mayor parte de su areola deberá estar dentro de la boca del bebé al succionar.

➤ Elimine el uso de cualquier jabón o antiséptico cuando se limpie los senos. En el baño diario limpie sus senos sólo con agua corriente tibia.

143

➤ Frote los residuos de leche sobre el pezón y la areola. La leche materna contiene emolientes maravillosos y factores inmunológicos que ayudan a sanar los tejidos.

➤ Exponga sus pezones al aire después de cada toma. Esto les permite secarse por completo y ayuda a prevenir irritación por humedad.

➤ Use un sostén de algodón 100 por ciento. El algodón absorbe la humedad de su cuerpo y cualquier residuo de leche de los senos.

➤ Cambie los protectores de los senos con frecuencia. Siempre debe tener tela o papel completamente secos contra su pezón.

➤ Use una pezonera. Mantendrá la ropa lejos del pezón entre una toma y otra.

➤ Use lanolina purificada. Ésta puede dejarse en los pezones mientras amamanta y funciona de maravilla para curar pezones agrietados.

➤ Pregunte a su profesional de la lactancia sobre cualquier producto para curar heridas húmedas.

Usted o su compañero deben observar su postura mientras alimenta a su bebé. La postura y posición correctas hacen un mundo de diferencia. Si lo sostenía como cuna o atravesada y se le irritaron los pezones, probablemente deberá intentar la posición de balón de fútbol americano o recostada para cambiar. El bebé se asirá de su pecho con una posición diferente. Esto ayudará a aliviar el contacto con algunas áreas lastimadas.

Debe intentar seguir estos pasos cuando use la posición de balón de fútbol americano mientras da el pecho:

1. Coloque una o dos almohadas a su lado para apoyo del brazo. Esto también trae al bebé al nivel del pecho.

2. La cabeza y el cuello del bebé deben sostenerse en la palma de la mano. Su antebrazo debe sostener la parte superior del cuerpo del bebé.

3. Ponga la mano debajo del seno y toque el pezón con el labio inferior del bebé.

4. Cuando la boca esté abierta como en un bostezo, pegue al bebé a su pecho.

5. Los labios del bebé deben estar alrededor de la mayor parte de su areola.

Cuando está recostada, trate de seguir estos pasos sencillos:

1. Coloque varias almohadas detrás de su espalda para apoyo cuando se recueste de lado.

2. El bebé deberá estar también de lado.

3. Coloque una frazada enrollada detrás de la espalda del bebé para apoyo.

4. Usted y su bebé deberán estar cara a cara, y abdomen con abdomen, recostados de lado.

5. Siga la técnica de la posición de balón de fútbol americano.

Deberá considerar el uso de un tira leche eléctrico de pistón si la irritación es muy dolorosa y quiere dejar de darle el pecho. Muchas mujeres no quieren continuar la lactancia cuando experimentan dolor. Un tira leche de pistón será efectivo para mantener la producción de leche mientras se toma un descanso. Liberará sus senos lo suficiente para permitir que los pezones sanen. Use un gotero, una taza o el dedo para darle la leche materna que se sacó en este tiempo. Reanude la lactancia en cuanto sienta que disminuyó su irritación.

También podría tratar de alimentarlo del seno que tenga el pezón menos irritado. Sí, se supone que debe alternar en cada toma, pero con pezones irritados me gustaría que intente algo diferente.

Otra técnica es tratar de zafar al bebé de su seno después de que se detuvo la *succión nutritiva*. Recuerde que la succión nutritiva ocurre con el reflejo de expulsión de leche, y cuando escucha al bebé tragar cada uno o dos segundos. Cuando la succión no es nutritiva el bebé no usa la lengua y la quijada para estimular y sacar leche. Por lo general, usted ve o siente una ligera vibración de la quijada y no lo sentirá bien asido. Deslice su dedo por un extremo de la boca e interrumpa la succión. Si es necesario, puede dejar que el bebé siga succionando su dedo.

También podría intentar tomas más cortas y más frecuentes. En vez de ocho, trate con 10 tomas en 24 horas. Asegúrese de dejar que el bebé coma el tiempo suficiente para quedar satisfecho. No interrumpa la toma para evitar irritación. Añadir más tomas ofrece al bebé una cantidad suficiente de alimento, ¡y eso deja satisfecho a cualquiera!

Capítulo 21

¡Mis senos están enormes!

Quizá ha escuchado algunas historias sobre la lactancia totalmente descabelladas. Éstas historias más bien gráficas por lo general se centran en el tamaño de los senos de la mujer durante la lactancia. Mi cuñada me dice que con su primer bebé sus senos estaban del tamaño de unos melones. Me pareció difícil creerlo. Me preguntaba cómo una persona tan pequeña, que usa un sostén talla 34 B, puede tener melones en el pecho.

Cuando nació su segundo bebé, vi los melones y lo creí. ¡Tenía melones en el pecho! No podía creer el congestionamiento que veía por primera vez en mi carrera profesional. Parecía que iban a explotar.

Tal vez le preocupe o tema que esto le suceda a usted. Entender qué contribuye al crecimiento de los senos y las maneras de prevenirlo la tranquilizarán. También querrá saber cómo manejarlo en caso de que le suceda.

¿Qué sucedió aquí?

En la primera semana después del parto, la cantidad o el volumen de calostro aumenta hasta ser leche madura como resultado de estimulación de hormonas. Con el aumento en el volumen de la leche, por lo general se llenan los senos. En ocasiones siente que la cantidad de leche en los senos los llena por completo. Es absolutamente normal que esto ocurra y casi siempre disminuye en 48 o 72 horas conforme el bebé empieza a vaciar los senos con frecuencia. La cantidad de leche que produce se ajusta para satisfacer el apetito del bebé.

El *congestionamiento* se da cuando por cualquier razón el bebé no vacía toda la leche de los senos. Los senos atiborrados se sienten calientes, duros y muy inflamados.

Congestionamiento se define como inflamación de moderada a severa y distensión de los senos en los primeros días de lactancia.

Cada vez mayores

Cuando tiene los senos completamente llenos es sólo una inflamación temporal y produce cierta incomodidad. Durará dos a tres días mientras aumenta su producción de leche materna. También experimenta aumento en el torrente sanguíneo en los senos como resultado de la succión que ejerce el bebé, esto le hace sentir ardor mientras él se alimenta.

Sabrá que tiene los senos llenos cuando suceda lo siguiente:

➤ La abundancia empieza en dos o tres días con la succión del bebé.

➤ Nota cierta inflamación en los senos.

➤ Los senos están suficientemente suaves para que el bebé pueda comer con facilidad.

La plenitud de los senos durará cerca de 72 horas cuando mucho. Estarán un poco inflamados pero debe poder comprimir el tejido de éstos. La inflamación viene del aumento en la cantidad de leche que está produciendo. Mientras los senos están muy llenos el bebé podrá succionar cómodamente. El bebé debe asirse al pezón y la areola con su boca sin dificultad.

Esta abundancia no se convertirá en congestionamiento si alimenta al bebé cada una a tres horas. Tal vez necesite despertarlo a las tres horas si todavía duerme. Es vital que lo despierte y succione de sus senos. También debe vaciar sus pechos con cada toma. Esto también impide que los senos se congestionen.

Calientes y pesados

El congestionamiento de los senos también es temporal. No es una situación que se experimente siempre, sino una condición patológica que puede prevenirse.

Sabrá que sus senos están congestionados si sucede lo siguiente:

➤ Tiene senos grandes e inflamados entre tres y siete días de haber iniciado la lactancia.

➤ Experimenta inflamación moderada a severa en ambos senos.

➤ La piel de los senos se pone caliente.

➤ La piel de los senos está tensa y brillante.

➤ Los senos están sensibles y duelen al tacto.

➤ Aumenta la temperatura de su cuerpo a más de 38° C.

Cuando acorta las tomas o no da el pecho con suficiente frecuencia, los senos se pueden congestionar de leche. Si el bebé no vacía la leche que produce con cada toma, también se pueden congestionar. Por lo general, sucede esto:

1. La areola se llena de leche y estira el pezón.

2. El bebé no puede asirse a la areola inflamada con la boca.

3. Los senos lácteos no se "ordeñan" y entonces no se vacían.

4. La presión de los senos lácteos llenos obstruye los conductos de la leche.

5. Los conductos de la leche se inflaman y se llenan de leche.

6. La leche residual de los conductos provoca presión sobre los alveolos o los sacos donde se produce la leche.

7. Esta presión incrementada y no liberada disminuye la producción de leche.

Entonces puede ver cómo sus senos están congestionados. La inflamación empeora si no actúa rápido para liberarlos. La respuesta de su cuerpo a la presión en los conductos y el estancamiento de leche hace que la piel se ponga caliente, roja y sensible.

También puede sufrir de congestionamiento si decide dejar de amamantar y pone un alto total. Debe reducir gradualmente la estimulación y el vaciado de la leche que empezó a producir. La interrupción repentina de un proceso corporal establecido puede resultar en infección y enfermedad.

Cuando ha establecido un patrón de lactancia por semanas o meses, pueden resultar diversos grados de congestión si se salta una toma. Cuando no vacía la leche de los senos por alguna razón, se produce la misma cadena de eventos. Cuando el bebé empieza a dormir un periodo largo durante la noche, por lo general terminará saltándose una toma. Quizá despierte de un sueño profundo y reparador, y vea sus senos muy firmes y listos para vaciarse. Esta circunstancia es fácil de remediar con muchas tomas o con el uso de un tira leche para vaciarlos. También verá congestionamiento cuando se retrasa en el horario normal de alimentación o no puede sacarse la leche por cinco horas o más.

Un poco de prevención

¡Aquí un gramo de prevención vale por un kilo de curación! En otras palabras, prevenir el congestionamiento en primer lugar le ahorrará el dolor y el malestar que puede causarle. Cuando el bebé no vacía toda la leche que produjo durante una toma, resulta en retención de leche. Empieza la inflamación en los senos y conductos lácteos, el cuerpo responde y ya conoce el resto de la historia.

Lo ideal es que impida el desarrollo del congestionamiento, punto. Tiene que observar y estar consciente de sus técnicas de lactancia, y estar alerta a cualquier señal de abundancia en los senos que puede conducir al terreno del congestionamiento.

Existen algunas trampas comunes en las que caen las mamás cansadas y exhaustas. Asegúrese de que su esposo o compañero entienda lo básico de la lactancia para ayudarle desde el principio.

Si sigue estas medidas podrá prevenir el congestionamiento de los senos:

➤ No se deben usar *suplementos* de agua o leche de fórmula para bebé durante tres o cuatro semanas, a menos que el médico lo ordene específicamente.

➤ Cada periodo de 24 horas debe dar el pecho entre 8 y 12 veces. Tiene que practicar esto cuando menos los primeros 10 a 14 días después del nacimiento del bebé.

➤ Sacarse la leche con un tira leche médico de pistón si pierde una toma o el bebé no come.

➤ Si decide dejar la lactancia, debe hacerlo de manera gradual.

¿Todavía puedo darle el pecho?

El bebé seguirá comiendo cuando usted experimente abundancia en los senos, porque podrá asirse de la areola y la succión será efectiva y eficaz. Los senos deberán vaciarse después de cada toma.

Por otra parte, el congestionamiento de los senos ocasiona el proceso opuesto. El bebé no podrá asirse a la areola, sino sólo al pezón, y será incapaz de comprimir los senos lácteos, por lo tanto no saldrá leche. Hay comida en la mesa pero el bebé no puede tomarla. Obviamente esto hace que el bebé se sienta frustrado e inquieto.

Para dar el pecho con congestionamiento, tiene que sacarse la leche antes de cada toma. Puede extraerla manualmente desde su areola con los dedos pulgar e índice, aunque un tira leche médico de pistón puede ajustarse al mínimo de vacío y aplicará succión intermitente similar a la del bebé. Esto ayudará a suavizar la areola y empezar el flujo de leche.

Recuerde las consecuencias si no libera el congestionamiento ya sea dando el pecho, extrayendo la leche manualmente o utilizando un tira leche eléctrico de pistón. La retención de leche en los senos tendrá resultados negativos, disminuirá su producción y eventualmente se detendrá.

Ahora intente esto

No tiene caso negar que el congestionamiento puede ser una experiencia miserable, y ¿quién quiere sentirse miserable cuando está celebrando el nacimiento de su bebé? Con congestionamiento tal vez se presenten estos síntomas:

- ➤ Senos duros y firmes
- ➤ Piel enrojecida
- ➤ Piel tensa y brillante
- ➤ Fiebre
- ➤ Grietas en los pezones

El congestionamiento puede durar entre tres y siete días, dependiendo de la severidad de su condición. Durante este tiempo, deberá usar un sostén que le quede bien las 24 horas del día. Sí, debe dormir con él. Recomiendo firmemente un sostén de algodón 100 por ciento, que es poroso y absorbe la humedad. Debe apoyar el tejido inflamado de los senos sin causar más dolor o presión indebida en los *ligamentos* distendidos.

Espere usar cuando menos una de las siguientes técnicas junto con muchas tomas para ayudar a vaciar su leche durante el congestionamiento:

- ➤ **Tira leche eléctrico de pistón.** Es indispensable si el bebé no está comiendo lo suficiente para suavizar cuando menos uno de sus senos.
- ➤ **Vaciado manual.** Esto ayudará a suavizar la areola para que el bebé pueda asirse al pezón.
- ➤ **Masaje, masaje, masaje.** Esto ayudará a empezar el flujo de leche, estimular el vaciado y a que fluya la leche por los conductos y hacia el pezón.

Debe esperar que cualquier medida dé bienestar pero no necesariamente alivio total al congestionamiento. Las compresas frías sobre los senos después de alimentar al bebé ayudarán a reducir el flujo de sangre en el área afectada. Cualquier cosa fría hará que se sienta mejor.

Podría probar con cualquiera de estas cosas frías:

- ➤ Bolsa de hielo reutilizable
- ➤ Bolsa de hielo triturado
- ➤ Bolsa de vegetales congelados
- ➤ Un pañal desechable limpio sumergido en agua y congelado
- ➤ Hojas de col enfriadas

Trate de ponerse una toalla seca contra el pecho cuando use una bolsa de hielo o hielo triturado para prevenir irritación de la piel.

Las compresas calientes no son una gran fuente de alivio y en realidad pueden agravar la inflamación. El congestionamiento severo mejorará sólo al recostarse boca arriba; esto ayuda a cambiar el peso de sus senos y distribuye el fluido un poco mejor.

151

Su plan de alimentación

Lo mejor es amamantar al bebé todo lo posible durante el periodo de congestionamiento. El bebé es la mejor fuente de estimulación y succión para sus senos. Puede empujarse, jalarse y apretarse todo lo que guste, pero el bebé siempre lo hará mejor.

Su mayor desafío será lograr que el bebé pueda asirse a sus senos congestionados. Intente algunas de estas técnicas antes de darle el pecho:

➤ Con las manos extraiga leche de la areola. Los senos lácteos están muy llenos y esto ayudará a suavizar los senos para que el bebé pueda asirse.

➤ Con las manos dé masaje a sus senos antes y durante su sesión de lactancia.

➤ Intente técnicas de relajación incluyendo respiración profunda, escuchar música suave y alimente al bebé en un cuarto oscuro.

➤ Tome una ducha tibia para relajarse. Intente vaciar los senos con sus manos.

➤ Sumerja los senos en un recipiente con agua tibia antes de empezar a dar el pecho.

➤ Aplique una fuente de calor a los senos entre dos y cinco minutos. Podría ser una toalla húmeda o un pañal desechable sumergido en agua caliente.

➤ Use un tira leche eléctrico de pistón para suavizar la areola, sacar el pezón y empezar el flujo de leche.

Recuerde que una vez que el bebé esté en posición y asido a su seno, déjelo que coma hasta que esté completamente satisfecho. Él mismo soltará el pecho. Trate de hacer lo siguiente después de alimentar al bebé:

1. Aplique una compresa fría al seno. Ayudará a reducir la inflamación y también sentirá alivio.

2. Considere tomar un analgésico suave como acetaminofén o ibuprofeno, ambos ayudan con la inflamación y el dolor.

Si el bebé no puede asirse a su pecho debido a la inflamación por el congestionamiento, necesitará ayuda con su lactancia. Esto significa que tendrá que extraerse leche cada dos o tres horas. Es posible hacerlo manualmente, pero no tendrá una fuente de vacío. Conseguirá mejores resultados con un tira leche eléctrico de pistón. El congestionamiento es una condición que debe tratarse con equipo médico. Mientras el bebé no pueda asirse a su seno, necesitará sacarse la leche después de cada intento de alimentarlo.

Si algún médico le aconseja no extraerse leche con un tira leche durante el congestionamiento, le está informando mal. Esa persona no entiende la patología y el manejo adecuado de esta situación. Puede indicarle que provocará una producción

abundante de leche. No es el caso. La sobreproducción de leche materna no su-
cederá durante el periodo de congestionamiento. De hecho, su producción se detuvo junto con la línea de ensamble. Sólo bombeará el tiempo suficiente para
sentirse cómoda. Sacará la leche que el bebé no pudo sacar. Este tipo de bombeo
no ocasionará sobreproducción de leche.

Si el bebé no puede asirse al seno para comer, deberá considerar métodos alterna-
tivos de alimentación para darle la leche que se sacó. No debe usar biberón con
pezón artificial porque desarrollará preferencia por éste y no promoverá la lactancia. Considere estas alternativas para darle leche materna durante este periodo:

➤ Alimentación con el dedo

➤ Gotero

➤ Artefacto suplementario

Deberá comenzar a ver una mejoría en su congestionamiento en un lapso de tres
a siete días. La lactancia será más fácil una vez que supere estas dificultades. Es
mejor que no enfrente esta situación sola. Consiga ayuda de un profesional de la
lactancia lo antes posible para que pueda reanudar su lactancia.

Capítulo 22

Pezones únicos

Igual que los pies y las manos, los senos y los pezones vienen en todas formas y tamaños. Todo ser humano está diseñado con variaciones. Eso es lo que nos hace únicos.

Quizá se observó los senos y los pezones y declaró: "¡No hay forma de que esto entre en la boca de un bebé!" Bueno, le sorprenderá lo que la madre naturaleza ya tiene planeado. La lactancia con lo que usted tiene es muy posible, especialmente si usted tiene variaciones en la forma y el tamaño de su pezón.

¿Qué sucedió aquí?

Es bueno que durante el embarazo determine qué tipo de pezones tiene. Así no le sorprenderá ni se preocupará cuando llegue el momento de empezar la lactancia. Los pezones de la mayoría de las mujeres se clasifican en los siguientes tipos:

➤ Salidos

➤ Hendidos

➤ Planos

➤ Invertidos

Un pezón que se aplana o se jala hacia dentro al ser comprimido está siendo jalado por adherencias. Estas adherencias son bandas de tejido que mantienen una tensión estable dentro del tejido del pezón y tienen un diseño único en la anatomía de su cuerpo. Pero no se alarme, porque el pezón plano o invertido no representa un problema para la lactancia. La influencia de sus hormonas durante el embarazo a menudo ayuda a suavizar o soltar estas adherencias; aunque debe tomarse acción correctiva antes del parto, así como una vez que empezó la lactancia.

Variaciones en el pezón.

VARIACIONES EN EL PEZÓN

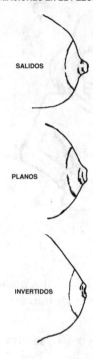

SALIDOS

PLANOS

INVERTIDOS

Su médico en realidad debe examinarla durante las visitas prenatales para cualquier variación en sus senos, areolas o pezones. Este examen de los senos y pezones debe llevarse a cabo durante el tercer trimestre de su embarazo. El médico aprovecha esta oportunidad para discutir y contestar sus preocupaciones respecto a la lactancia. Si tiene pezones planos o *invertidos*, su proveedor le hará recomendaciones para su preparación prenatal. También puede recomendarle a un profesional de la lactancia para mayor evaluación e instrucciones.

Si no tuvo la fortuna de que le revisaran los senos durante las visitas prenatales, puede intentar revisarse usted misma. Esta prueba rápida del tipo de pezón debe llevarle sólo unos cuantos minutos:

1. Póngase de pie frente a un espejo con los senos expuestos. La exposición al aire puede ser suficiente para decirle si sus pezones son invertidos o protuberantes.

2. Apriete suavemente alrededor de una pulgada (2.5 cm.) atrás del pezón con el pulgar y el índice. Esto representa el lugar donde el bebé se asirá a su areola con sus encías.

3. Determine si el pezón es salido, plano, hendido o invertido.

4. Si el pezón parece plano, con suavidad jálelo hacia fuera para ver cómo responderá cuando el bebé lo tenga en la boca.

5. Repita esta revisión con el otro pezón.

Si ve que sus pezones no se extienden o no los puede jalar hacia fuera, lo mejor es tomar una acción correctiva.

Cuando haya determinado los resultados de su revisión, puede hacer el intento de corregir los pezones planos, hendidos o invertidos antes del parto. Debe acercarse a un proveedor del cuidado de la salud o profesional de la lactancia para que le ayude con cualquier acción correctiva que elija aplicar.

También podría elegir no hacer nada y esperar. Vea qué hará el bebé una vez que esté asido al pecho. He visto algunos pezones totalmente invertidos que salen con sólo la succión del bebé.

¿Todavía puedo darle el pecho?

Tenga en mente que muy a menudo un caso de pezones planos, hendidos o invertidos se corregirá por sí mismo del principio al final de su embarazo. Las hormonas, en especial la relaxina, desempeñan un papel importante en suavizar los ligamentos, las *adherencias* y la elasticidad de la piel. Esta relajación natural del tejido del pezón ayuda con la primera lactancia.

El grado de severidad de un pezón verdaderamente invertido no afectará la habilidad del bebé para alimentarse efectivamente de los senos. Puede asirse a la areola y jalar fácilmente el pezón invertido hacia su boca. El pezón invertido con frecuencia mejora mucho con un segundo o tercer bebé. No piense que los pezones planos, hendidos o invertidos le impedirán la lactancia, ni tampoco permita que alguien le diga que no podrá dar el pecho por esta causa.

El médico deberá examinar sus pezones con cuidado si están planos o invertidos. Éste es un tipo de pezón que no es protráctil. En otras palabras, no sobresale de su base. Su médico querrá seguir su progreso si presenta este tipo de pezón. El pediatra o médico familiar también querrá vigilar el peso del infante y su habilidad para asirse a los senos.

El mayor reto que enfrenta con la lactancia es que el bebé logre asirse a sus senos. Otro problema posible con pezones planos, hendidos o invertidos es que podría experimentar irritación si el pezón no sale lo suficiente para estar dentro de la boca del bebé. Recuerde que una vez que estimula la producción de leche, cualquier abundancia o congestionamiento puede estirar o aplanar los mejores pezones. Cuando se aplanan estará tan ocupada haciendo que el bebé tome de su pecho, que olvidará por completo la posición y esto puede ocasionar irritación en los pezones.

Protectores para senos

Puede tratar de corregir sus pezones planos, hendidos o invertidos usando protectores para senos. Son copas de plástico en forma de domo que se separan en dos partes y tienen orificios para ventilación. Cuando se colocan sobre los senos, la parte de atrás del protector aplica una leve presión sobre la areola, empujando el pezón hacia el orificio del centro que tiene un diámetro de aproximadamente un centímetro. El sostén los mantiene en su lugar.

Pruebe el protector para senos Ameda®
para corregir pezones planos o invertidos.

(Fuente: Hollister, Inc.)

Deberá usar protectores durante el último trimestre de su embarazo. Está contraindicado usarlos si tiene riesgo de parto prematuro o ha tenido contracciones uterinas. La estimulación que ejerce el protector provoca liberación de oxitocina y contracciones subsecuentes. Debe empezar a usar el protector por una o dos horas al día. Puede aumentar el tiempo gradualmente. No debe usarlos para dormir por la noche.

También puede usar los protectores antes de alimentar al bebé. Póngalos en su lugar alrededor de media hora antes de la toma. Si recolecta algo de leche en la copa, puede guardarla hasta una hora. Debe lavar los protectores con agua jabonosa y caliente después de cada toma.

Espere esto

Lo que cuenta no es la apariencia de su pezón por fuera, quizá sea engañoso. Lo importante es lo que sucede dentro de la boca del bebé cuando se alimenta. Si coloca bien la boca del bebé alrededor de su areola, la fuerza de la succión hará salir el pezón. Incluso he visto pezones planos, hendidos o invertidos empezar a salir entre tomas.

Por lo general, el pezón se estira y se alarga dos veces su tamaño normal cuando se succiona. Con frecuencia cuando el bebé está bien asido al seno, aplica una cantidad significativa de succión para disminuir el grado de inversión de cualquier pezón.

Cuando use un tira leche, debe poner atención particular al protector o copa que se aplica al seno y pezón. Su pezón necesita tener espacio para salir por el túnel del pezón. El protector para senos debe ser del tamaño correcto para usted y tiene que aplicar la cantidad de presión adecuada sobre los senos lácteos para que salga leche.

La medida general de un protector promedio tiene un diámetro de entre 68 y 82 milímetros, y una profundidad de entre 35 y 40 milímetros. El diámetro y la profundidad del protector deben cubrir bien su areola para que fluya la leche de los senos. El diámetro de la apertura central es una característica importante si tiene pezones grandes. Tratar de hacer que un pezón grande entre en un pequeño orificio dará resultados ineficaces.

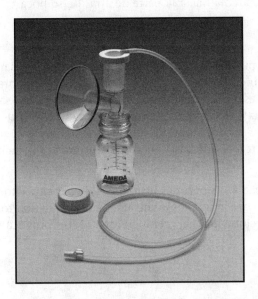

El protector para senos HygieniKit® para usar con cualquier tira leche Ameda®.

(Fuente: Hollister, Inc.)

Su plan de alimentación

Cuando inicie su experiencia de lactancia, verá qué clase de éxitos o desafíos tiene el bebé con sus pezones. Practicar las técnicas básicas para asirlo a su seno que ha aprendido hasta ahora, le ayudará inmensamente si tiene variación en los pezones. Mencionaré toda la variedad de pezones y señalaré algunos escenarios de alimentación que podría encontrar.

Pezones grandes y alargados

Si es de las mujeres con pezones muy grandes y muy largos considérese anatómicamente afortunada. La ventaja de tener pezones alargados es que hacen más fácil la lactancia. Se levantarán atentos sin darle ninguna molestia. Los consultores de la lactancia dicen a algunas mujeres que tienen "pezones perfectos para amamantar".

Aunque en ocasiones con un bebé pequeño o prematuro, este tamaño de pezón puede provocar un comienzo desafiante de la lactancia. Un bebé pequeño puede atragantarse o no poder abrir la boca lo suficiente para asirse al pecho. En algunas instancias, el bebé se desliza hacia la punta de un pezón alargado, ocasionando irritación.

Necesita evaluar su posición con frecuencia mientras da el pecho. En la mayoría de los casos de pezones alargados, el crecimiento del bebé eventualmente permite que pueda asirse mejor al seno, y a veces el bebé aprende a abrir más ancho para jalar el tejido del pezón y la areola hacia la parte de atrás de su boca.

Pezones planos

Las mamás con pezones planos pueden tratar de "ejercitarlos" antes de usarlos. Le apuesto que no sabía que hubiera ejercicios para los pezones. ¡Pues ahora ya lo sabe! El ejercicio para pezones es una rutina de estiramiento del tejido que ayuda a romper cualquier adherencia que pudiera ocasionar un pezón invertido. Se recomienda que también estire sus pezones antes de alimentar a su bebé con el fin de ayudar a alargarlos antes de la toma. Además, el pezón se estirará por la succión del bebé cuando lo alimenta.

También puede ayudar a dar forma a sus pezones justo antes de dar el pecho. Esto funciona con pezones planos para ayudarles a salir mejor. Coloque una toalla fría sobre el pezón para que reaccione a la baja temperatura. El frío provoca que salga aún más.

Pezones invertidos

Con pezones invertidos es especialmente importante que, después de terminar la toma, permita que su piel se seque con el aire antes de que se contraigan. Puede hacerlo colocando los dedos índices en cada lado del pezón y jalando suavemente. Esto expondrá el tejido del pezón al aire. También es muy importante secar al aire este tipo de pezones para prevenir irritación.

Siempre puede recurrir a un tira leche para que la rescate. Cualquier tira leche servirá ya que lo único que necesita es algo de succión. Coloque el reborde del paquete de recolección o un tira leche manual encima del pezón y areola; aplique algo de vacío o succión con varios ciclos para sacar suavemente el pezón. Después de unos minutos, puede dejar de usar el tira leche y pegar el bebé al seno.

Pezones supernumerarios

Los pezones supernumerarios son pezones accesorios o tejido glandular que se localiza en cualquier parte a lo largo de una línea entre la clavícula y la ingle. Esta línea se llama línea del pezón. Un pezón accesorio puede tener una areola y una glándula mamaria funcional, lo que significa que el pezón es capaz de producir y liberar leche materna en respuesta a la estimulación hormonal.

Capítulo 23

Infección
en los senos

Es un hecho de la vida, usted puede enfermarse justo cuando menos lo espera. Cómo sucedió, nadie lo sabe. Pero algún bicho de alguna especie la atacó y se siente miserable.

Como nueva mamá, existe la posibilidad de que el bicho de la lactancia la muerda y puede suceder en el momento más inoportuno. Si se siente cansada, abatida o duerme poco, quizá tenga infección en los senos. Entender las circunstancias que rodean esta infección podría ayudarle a impedir que le ataque.

¿Por qué sucedió esto?

Una de las preguntas que indudablemente se hará es qué tiene o cómo lo adquirió. Ha trabajado muy duro para mejorar sus habilidades. Aprender la habilidad de la lactancia y ciertamente la frecuencia de las tomas, mantenerse descansada y saludable significa un reto para cualquier mamá nueva.

Debe conocer algunos tipos de infecciones que pudiera padecer con la lactancia. Algunas requieren atención de un médico, mientras que otras son menores y se corregirán con sólo tomar algunas medidas. Las infecciones que con frecuencia se asocian con la lactancia incluyen las siguientes:

➤ Ampollas en los pezones
➤ Conductos obstruidos
➤ Mastitis
➤ Infección por fermento

Explicaré cada una de estas condiciones para que tenga una idea más clara de lo que sucede. Esto puede ayudarle a identificar las circunstancias que produjeron la infección, aunque en algunos casos es posible que no exista una explicación.

Ampollas en los pezones

Quiero que sepa sobre esta condición porque se presenta con más frecuencia que la que dicen los médicos. Es una condición muy ligera con una solución sencilla. Una ampolla es un grano en la punta del pezón y cómo llegó ahí es quizá una pregunta que nadie puede contestar.

Recuerde que un grano es un poro lleno de grasa de su piel, junto con algunas células dérmicas muertas. La ampolla aparece como un grano al final del pezón y puede estar llena de grasa, células muertas o residuos de leche.

Si los residuos de leche permanecen en el poro del pezón y no se vacían, forman una acumulación de desechos lácteos. Esto resulta en una ampolla en la punta del pezón. Es una obstrucción en el poro. Quizá sólo se dará cuenta de que la tiene si siente ardor o sensibilidad y tendrá que usar un espejo para verla.

Conductos obstruidos

Debo comentarle que no podrá ver un conducto obstruido, sólo podrá sentirlo. Un conducto obstruido es similar a una ampolla, pero en vez del poro, la acumulación de grasa, las células muertas y los residuos de leche están en los conductos lácteos. Esta "obstrucción" ocasiona que el conducto reaccione con inflamación e irritación ligera.

A menudo puede tener un área irritada en los senos y también sentirlos pesados. Esta área puede ser pequeña o grande dependiendo del tamaño del conducto y del área afectada. La superficie de la piel se enrojece sobre el área donde se localiza el conducto obstruido y si la toca la sentirá caliente.

Se puede padecer un conducto obstruido en cualquier momento durante la lactancia, quizá en las primeras semanas o meses. Por lo general, los conductos se obstruyen cuando un seno retiene residuos de leche debido a un vaciado ineficaz. Esto puede suceder si cambia al bebé al otro seno cuando el primero no se vació por completo.

También puede suceder como resultado de brincarse una toma o tomar una pausa prolongada entre las tomas. Así mismo, un sostén muy apretado o con varillas puede impedir el flujo de la leche y provocar que se obstruya un conducto. Una cantidad limitada de consumo de líquidos, así como deshidratación, también la hacen susceptible a desarrollar obstrucción en los conductos.

Mastitis

Este tipo de infección se ve en casi 25 por ciento de las mamás que alimentan a sus bebés con leche materna. Con frecuencia sucede en las primeras semanas y meses de lactancia y puede ser el resultado de un conducto obstruido.

Sabrá que tiene *mastitis* cuando sienta el cuerpo cortado, como si estuviera resfriada. Duelen los brazos y hombros, y puede presentar fiebre y escalofríos, así como dolor de cabeza y algo de náusea y vómito. Algunas mamás dicen que se sienten como si las hubiera atropellado un camión.

Esta clase de infección por lo general se presenta sólo en un seno. Se pone rojo, inflamado y muy irritado en el área afectada. Una grieta en el pezón quizá dio paso a una bacteria e infectó esta área en particular. Un conducto obstruido que no mejoró se puede convertir en mastitis. Usar un sostén muy justo, la tensión y el agotamiento pueden ser factores que la lleven a desarrollar este tipo de infección.

Infección por fermento

Aquí se trata de un hongo en los pezones o senos, causado por un fermento. Este tipo de fermento puede ocasionar aftas en los pezones así como candidosis en los conductos. El culpable es el hongo *Candida albicans*. Si la fuente de la fermentación del hongo es la boca de su bebé, puede esparcirse muy fácilmente a los pezones. También puede convertirse en una infección de los conductos mamarios, lo cual se conoce como candidosis.

Las aftas en los pezones se desarrollan varias semanas o meses después de iniciar la lactancia, la cual procede sin ningún problema hasta que los pezones de repente empiezan a enrojecerse y se ponen muy sensibles. En ocasiones la piel alrededor de los pezones se descama y da comezón. También se puede presentar salpullido y sentirse como si estuvieran ardiendo.

El bebé tal vez adquirió la infección por fermento durante el parto a través del canal vaginal. Algunas mujeres pueden tener una ligera infección vaginal durante el embarazo y no saberlo. Quizá le dieron antibióticos durante el trabajo de parto o le administraron uno vía intravenosa después de una cesárea. Los antibióticos ocasionan fermentación en el cuerpo. Algunas mujeres son portadoras de fermento y quizá tuvieron infección vaginal antes del embarazo.

Todas éstas son causas posibles para desarrollar infección por fermento en los senos o pezones. La infección por hongos de los senos o pezones puede ser muy frustrante durante la lactancia. Es importante que la reconozca y busque el tratamiento adecuado antes de que la condición empeore y no la pueda resolver.

¿Todavía puedo darle el pecho?

Su mayor preocupación respecto a continuar la lactancia es si contagiará la infección a su bebé. La respuesta a su pregunta es que una infección de los senos probablemente no afectará al bebé porque la infección no está en la leche.

Es importante entender que la infección de los senos o pezones quizá sólo le afecte a usted. La excepción a esto es la infección por fermento. Si el bebé le pasó el hongo, entonces existe una alta probabilidad de que sigan pasándose la infección uno al otro, y continuará hasta que ambos reciban tratamiento.

La respuesta general sobre si todavía puede darle el pecho es "sí". Incluso con infección por fermento, la lactancia puede continuar. En muchos casos es vital que continúe la lactancia con cualquier infección de los senos para ayudar a mejorar la causa fundamental de la infección. Si el vaciado de los senos es poco frecuente y no efectivo, ésa es la causa probable de su infección, entonces la lactancia, en grandes cantidades, puede sólo mejorar las circunstancias.

Su mayor desafío al continuar la lactancia con infección en los senos será soportar los síntomas asociados con ella. Los síntomas como de resfriado de la mastitis pueden agobiar a cualquiera, sobre todo a una mamá. Cualquier dolor asociado con infección por fermento en pezones o conductos hace que cualquiera se pregunte si debe seguir fiel a la lactancia.

Si su médico le dice o sugiere que no puede alimentar a su bebé con una infección por fermento, probablemente debe buscar una segunda opinión. Si abandona la lactancia en forma repentina, su condición empeorará y el tratamiento será más difícil. Cualquier proveedor del cuidado de la salud que le diga que deje de dar el pecho al bebé por una infección la está informando mal. Pregunte a otro médico o hable con su profesional de la lactancia.

Si tiene la desgracia de padecer una infección en los senos durante la lactancia, no deje de dar el pecho a su bebé hasta que tenga a la mano toda la información. Por favor use la información que he proporcionado para ayudar a cualquier médico a entender las circunstancias que rodean las infecciones de los senos y la lactancia. Puede continuar con la lactancia y buscar el tratamiento adecuado para algunas de estas infecciones.

Remedios

Existen algunas medidas que puede tomar para ayudar a remediar estos malestares. Aunque algunos remedios pueden usarse en casa, tal vez necesite buscar mayor evaluación de su médico o profesional de la lactancia, quienes le recomendarán otras medidas.

Para quitar las ampollas

Una ampolla en el pezón arde y duele cuando alimenta al bebé. Después de todo, es un poro tapado en el pezón, similar a un grano. Quizá vea un punto blanco en la punta del pezón similar en apariencia a un barrito.

Si ve que el pezón tiene una ampolla con una sustancia blanca, debe tratar de romperla. Intente los siguientes pasos:

1. Use una toalla con agua tibia o alguna fuente de calor húmedo.
2. Aplíquelo al pezón afectado durante 15 minutos antes de comenzar la toma. Esto ayuda a abrir y liberar el poro.
3. Intente abrir el punto blanco con una aguja esterilizada.
4. Una vez abierto, puede salir una pequeña cantidad de sangre, pero al bebé no le ocasionará ningún daño si la traga.

Para destapar la obstrucción de los conductos de la leche

Los conductos de la leche pueden taparse por varias razones. Las mamás con estas circunstancias quizá presenten obstrucción más a menudo:

➤ Volumen alto de leche
➤ La lactancia para más de un bebé
➤ Sostén demasiado apretado

➤ Deshidratación
➤ Tensión y fatiga
➤ Consumir suplementos o multivitamínicos

Si experimenta una o más de estas circunstancias, puede ser candidata para que se le obstruyan los conductos, y aliviar los síntomas así como mejorar el flujo de leche lleva entre dos y tres días. Es importante intentar corregir y mejorar las circunstancias para que no se desarrolle mastitis.

Tendrá ardor en el área del seno donde se encuentra el conducto obstruido, la piel estará enrojecida y se sentirá muy incómoda. Es bueno dar masaje suave y aplicar algo de calor húmedo sobre el área. También puede experimentar cierta molestia o dolor localizado antes y después de alimentar al bebé.

Para curar la mastitis

Ayuda mucho conseguir tratamiento rápido y correcto para la mastitis con el fin de que se cure en poco tiempo. Puede ser que padezca los peores síntomas sólo durante 24 horas, pero es necesario que reciba atención oportuna y adecuada. Si puede identificar la causa de la infección reducirá la oportunidad de recurrencia.

Definitivamente, con la mastitis espere tener síntomas parecidos a los de un resfriado. Puede experimentar cualquiera de lo siguiente:

167

➤ Fiebre   ➤ Dolores

➤ Escalofríos   ➤ Náusea

➤ Dolor de cabeza   ➤ Vómito

Esta infección de los senos por lo general involucra sólo un seno, pero en algunos casos puede incluir ambos. Como resultado de la infección el área infectada estará enrojecida e inflamada. Tendrá malestar general y pasarán entre 24 y 48 horas para que su condición empiece a mejorar.

Debe visitar al médico para que diagnostique esta infección. No puede tratarse por teléfono. El médico o proveedor del cuidado de la salud querrá tratar esta infección con antibióticos, que son lo que normalmente se receta para este tipo de infección, pero tal vez no sean absolutamente necesarios. Algunas infecciones virales no se tratan con medicamentos, tienen que cumplir un ciclo y con el tiempo los síntomas mejorarán. Muchas mujeres han tenido mastitis y su condición mejora sin tomar antibióticos. La preocupación aquí es que los antibióticos pueden provocar infección por fermento, que es la infección número uno que debe tratar de evitar.

Tratamiento para infecciones por fermento

La infección por fermento en los senos involucra la superficie de la piel del pezón, los conductos de la leche o ambos. Es de esperarse que muchos médicos sean escépticos respecto a que la infección por fermento en los senos siquiera exista. Los profesionales de la lactancia son quienes han documentado los síntomas de infecciones por hongos en la glándula mamaria de muchas mamás. El reto ha sido probar la existencia de hongos en los conductos lácteos de estas mujeres.

La infección por fermento probablemente se diagnostique por sus síntomas nada más. Un pezón infectado puede parecer rojo brillante o rosado, con piel descamada y algo de inflamación. Puede experimentar hormigueo, comezón o ardor que continúa entre cada toma del bebé. Los cambios en la posición del bebé en el pecho no mejorarán las molestias que siente.

Dolor en los conductos lácteos es el síntoma que tendrá cuando la infección por fermento se desarrolle dentro de los conductos. Este dolor a menudo ocurre en cada toma. Puede sentir un dolor que pasa por todo el seno y ocasiona sensación de quemadura cuando baja la leche. Algunas mujeres describen el dolor como tener astillas de vidrio en los senos. Es muy importante que su médico evalúe cualquier dolor persistente en el pecho. En ocasiones la infección en los senos puede ser una combinación de hongos y bacterias.

Usted y su bebé deberán recibir tratamiento si se identifica infección por fermento. Muchas veces el curso de acción de un pezón con comezón o enrojecido es una crema antimicótica, que matará al hongo responsable de la infección. Por lo general los productos antimicóticos se encuentran en las farmacias sin necesidad de receta médica. Su proveedor del cuidado de la salud le dirá la frecuencia y por cuánto tiempo usarlos. Debe aplicar la crema sobre el área afectada del pezón y areola. Algunas mujeres prefieren limpiarla antes de la toma.

Si la infección se localiza dentro de los conductos de la leche, el mejor tratamiento es un medicamento antimicótico oral, que es lo más rápido y efectivo para curar la infección por fermento. La infección dentro de la glándula mamaria se trata mejor con medicamentos orales, es por ello que su médico le recetará pastillas o cápsulas.

El medicamento preferido para tratar infección por hongos en los conductos de la leche es un "azol", como clotrimazol, miconazol o ketoconazol. El tratamiento dura entre 14 y 28 días. Quizá la dosis no es suficiente para tratar al bebé, por lo tanto él debe ser atendido por separado.

La violeta de genciana también se ha usado durante mucho tiempo como antimicótico para tratar las infecciones por fermento. Viene de la raíz de la planta *Gentiana lutea*. No es un medicamento que requiera receta y está disponible en farmacias. Puede aplicar esta solución morada en el pezón y areola. Por lo general se usa una vez al día durante tres o siete días. Pinta todo lo que entre en contacto con ella, así que procure usar un sostén viejo y ropa de color oscuro.

Su plan de alimentación

Será muy importante continuar con la lactancia de su bebé si experimenta cualquiera de estas infecciones en los senos. La clave para una recuperación rápida es aumentar la frecuencia y duración de las tomas.

Tal vez desee intentar estos pasos para dar el pecho con una ampolla en el pezón o un conducto obstruido:

1. Quítese el sostén y deje de usarlo.

2. Haga planes de alimentar al bebé cada dos horas. Permita que el bebé tome del seno obstruido o con ampolla.

3. Use una toalla húmeda caliente y póngala contra el seno durante 15 minutos antes de empezar. Dé masaje al seno antes y durante la toma.

4. Beba más líquidos como agua, jugo y leche. Deberá orinar con mayor frecuencia y la orina será amarillo pálido.

5. Trate de usar diferentes posiciones para dar el pecho de manera que el bebé vacíe el seno afectado. Esto permitirá un mejor vaciado de leche materna a través del conducto y la glándula.

6. Descanse. Quizá no esté descansando o durmiendo lo suficiente. Deberá relajarse y reducir su ritmo de vida.

Su plan de alimentación con infección en los senos como mastitis requiere tomas frecuentes y posiblemente el uso de un tira leche de pistón para mejorar el vaciado de los senos. Puede seguir algunos de los pasos que sugiero para mejorar de un cuadro de mastitis:

1. Descanse en cama y duerma mucho. Debe permanecer en cama cuando menos 48 horas. Tendrá que alimentar al bebé en la cama durante este tiempo. Use la posición recostada de lado y la de balón de fútbol americano.

2. Necesitará dar el pecho por lo menos cada dos horas. No deje de amamantar al bebé aunque le aconsejen hacerlo. La lactancia debe durar lo necesario hasta que sienta los senos vacíos. Recuerde darse tiempo.

3. Ponga una toalla húmeda y caliente sobre los senos durante 15 minutos antes de la toma. Dé masaje a los senos antes y durante la toma, esto ayudará a estimular el buen vaciado de leche.

4. Considere usar un tira leche médico de pistón después de cada toma. Esto asegurará que el vaciado sea adecuado en cada toma.

5. Beba muchos líquidos para aumentar la cantidad de orina. Los líquidos son especialmente importantes si tiene fiebre alta o está deshidratada.

6. Póngase en contacto con su médico si los síntomas no mejoran en 24 horas. Discuta a profundidad la necesidad de antibióticos. Quizá el médico sólo recete algo para bajar la temperatura y un analgésico ligero para calmar los síntomas.

En muchos casos donde hay infección por fermento, el dolor que siente en los senos la harán pensar en dejar la lactancia. Verá que el único enfoque cómodo es sacarse la leche usando un tira leche médico de pistón. Esto le permite mantener buena estimulación y un buen vaciado de los senos mientras usted y su bebé están en tratamiento.

Es útil seguir este curso de acción para continuar las tomas, aunque tenga una infección por fermento:

1. Descansar y dormir mucho. Podrá mejorar su condición cuando tenga la cantidad adecuada de descanso.

2. Deberá comer una dieta bien balanceada. Cuando no consume la cantidad adecuada de nutrientes aumenta su riesgo de infección. Reduzca el consumo de azúcares.

3. Use un sostén de algodón y lávelo en agua caliente. Puede poner un poco de blanqueador o vinagre para enjuagarlo. Esto ayudará a matar las esporas del fermento y a evitar que los hongos se queden en su ropa interior.

4. Use almohadillas de algodón para los senos y cámbielas cuando se humedezcan o se mojen. Lávelas en agua caliente y agregue blanqueador o vinagre para enjuagarlas.

5. Si usa biberones con pezones artificiales para alimentar al bebé, deben lavarse a conciencia y hervirse diariamente para impedir que el hongo se esparza. Considere deshacerse de cualquier pezonera o chupón que pueda ser la fuente de contaminación.

6. Busque tratamiento adecuado de su médico o profesional de la lactancia. Usted y su bebé necesitan tratamiento para evitar que se pasen el hongo uno al otro.

Capítulo 24

El bebé dice no

Todas estarán de acuerdo en que la experiencia más decepcionante con la lactancia es cuando el bebé no quiere tomar de los senos de la madre. Sencillamente dicen no y no lo harán en ninguna circunstancia. No importa lo que hagamos, nada funciona.

En una práctica privada como consultora de lactancia, me sentí desafiada por padres que me pedían ayuda para hacer que los bebés continuaran tomando leche materna. Aunque las circunstancias de todos son diferentes, hay algunos factores que pueden contribuir al rechazo del bebé a ser amamantado. Señalaré lo que puede ocasionar que el bebé se niegue a tomar del pecho, así como las opciones para ayudar a que el bebé acepte la lactancia.

¿Qué sucedió aquí?

La primera pregunta que se hacen los padres es qué causó que el bebé no quiera ser amamantado. Para ahora ya sabe que es instintivo que el bebé succione y que se puede dar el pecho a la mayoría de los infantes. Identificar la razón exacta de la negación del bebé puede ser difícil de señalar, pero hay algunos factores que ayudan al bebé a decir "no".

Leche en biberón

Parece que casi cualquier bebé que recibe varias tomas con biberón en los primeros días de nacido preferirá este método de alimentación. Puede ser cuestión de *grabar*, lo que significa permitir que un patrón o una figura esté disponible en forma repetida con el tiempo. Ya sea que se le dé leche materna o fórmula en un biberón, el bebé que aprende a succionar de un biberón parece preferir ese método.

En los primeros capítulos expliqué cómo el bebé aprende la habilidad de la lactancia. El bebé coordina sus quijadas, los músculos de la boca y la lengua para estimular y sacar leche de los senos. Cuando se alimenta con biberón, no se requiere mucho esfuerzo para que salga el líquido. Con la ayuda de la gravedad y algo de succión, el bebé puede vaciar fácilmente el contenido del biberón.

Las mamás me dicen que cuando dan al bebé su leche en biberón, la bebe de inmediato. Un bebé que recibe líquidos de un biberón no tiene que seguir los pasos de asimiento, estimulación, producción y vaciado de leche. El contenido en la botella ya está preparado y no hay que hacer nada más. No es necesaria la estimulación ni la compresión de los senos lácteos. Lo único que tiene que hacer es succionar y tragar.

Entonces, el bebé que recibe tomas en biberón en los primeros días de lactancia probablemente adoptará este método más fácil de alimentación, y por lo general querrá que lo alimenten con biberón ya sea leche materna o de fórmula. Si esta acción se repite, se aprende. De nuevo, puede convertirse en un método grabado. Con el pezón artificial apoyado en la boca, un bebé simplemente aplica succión y controla el flujo de leche con la lengua. Ahora, si intenta hacer que el bebé se pegue al pecho y use la lengua para succionar, se establece una confusión. Esto es lo que llamamos confusión de pezones.

Chupones

Dar chupón al bebé es muy parecido a ofrecerle un pezón de hule en un biberón. Lo único que puede hacer con el chupón es tenerlo en la boca y succionar. Es la actividad de succionar lo que tranquiliza o calma al bebé.

Los resultados de succionar un chupón no son una fuente de alimento. El bebé sólo puede succionar el chupón sin usar la lengua para dar masaje como lo hace con el seno. Si su bebé aprende sólo a succionar, puede preferir no seguir la actividad que implica la lactancia. Preferirá únicamente succionar y el resultado puede ser rechazo a los senos.

Diseño de la boca

Posiblemente existen algunas diferencias en el diseño o la forma de la boca de su bebé, que pueden contribuir en gran medida a que quiera ser amamantado o no.

Las siguientes características anatómicas pueden contribuir a la incapacidad o el rechazo del bebé a tomar el pecho:

➤ Arco en la boca
➤ Frenillo apretado

➤ Fisura palatina

➤ Labio hendido

Es extremadamente importante identificar cualquiera de estas diferencias en la cavidad oral del bebé para determinar si es la causa de la negación del bebé hacia la lactancia.

Aftas

La infección por fermento que afecta las membranas mucosas se conoce como aftas. El hongo *Candida albicans* es el causante. Quizá el bebé la contrajo si usted tenía infección vaginal en el momento del parto. El bebé también puede adquirirla de sus pezones o conductos lácteos si tiene infección por fermento en el seno o pezón.

Con aftas, el bebé puede presentar salpullido en la zona del pañal, tanto en los glúteos como en los genitales. También puede tener manchas blancas en las membranas mucosas de la boca, las encías o la lengua. Revise el interior de la boca del bebé. Estas ulceraciones dentro de la boca hacen que el bebé no quiera tomar del pecho para no tener que jalar del pezón, porque las molestias que tiene dentro de la boca lo hacen muy doloroso.

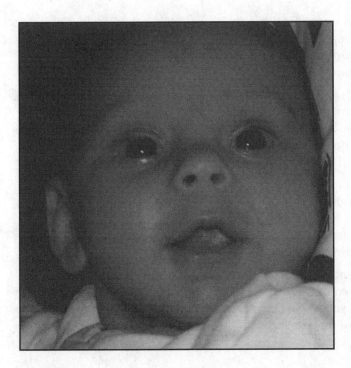

La señal de aftas orales: manchas blancas en la lengua del bebé.

(Fuente: Beth Mark)

¿Todavía puedo darle el pecho?

Obviamente la respuesta a esta pregunta es: "Bueno, sí, siempre y cuando el bebé quiera". La lactancia deberá tomar otra forma hasta que encuentre la razón de la incapacidad o el rechazo del bebé. Necesitará extraerse la leche y ofrecerla al bebé. También tendrá que intentar encontrar la razón de por qué el bebé no puede ser amamantado y tratar de resolverla.

En ocasiones el bebé empezará bien con la lactancia y de repente no querrá hacerlo más; es decir, todo iba bien y en cualquier momento deja de hacerlo. Jala de su seno gritando o sólo lo suelta después de estar bien asido. Esto puede suceder por cualquiera de las siguientes razones:

➤ Estómago lleno

➤ Burbuja de aire

➤ Resfriado

➤ Dentición

➤ Disminución repentina y forzada

➤ Sabor diferente

➤ Olor a perfume o jabón

Cuando el bebé tiene el estómago lleno, ya sea por alimento o por una burbuja de aire, es normal que responda jalando el seno y lo suelte durante la toma. Si necesita evacuar, es muy probable que tendrá que concentrarse en esa tarea. ¡La evacuación ayuda a mejorar el apetito de cualquiera!

Si el bebé está resfriado, tendrá la nariz tapada por inflamación de las membranas o por secreciones densas. Tiene que poder respirar por la nariz. Cuando la boca está en el seno y tiene la nariz bloqueada, no puede jalar aire. Es como sumergirse en el agua y tener que salir a la superficie para tomar aire. Cuando el aire no pasa por la nariz fácilmente, la única otra opción es a través de la boca.

Si el bebé tiene infección en el oído, la actividad de succionar afecta el canal del oído interno, lo cual es muy doloroso, en especial si está inflamado. La dentición puede empezar entre los cuatro o seis meses. Las encías le arden y le duelen al alimentarse. Cualquier otra molestia asociada con succionar puede hacer que el bebé se ponga irritable y se niegue a tomar del pecho.

El flujo abundante repentino de leche puede ocasionar que el bebé se atragante. Es difícil controlar esto, entonces la única opción del bebé es alejarse del seno para respirar. Es probable que no se trate de un rechazo a recibir el pecho, sino sólo de un ajuste temporal en su flujo de leche.

Aunque no creo que lo que usted come cause gases en el estómago del bebé o en su sistema digestivo, puede afectar el sabor de la leche. Como el sabor general de su leche materna es dulce, un sabor amargo o agrio va a decepcionar mucho al bebé. En otras palabras, lo que el bebé espera de su alimento no está ahí. La objeción viene en forma de rechazo o queja sobre la lactancia. El olor del jabón, la loción o el perfume que usa podrían también hacer que el bebé se niegue a tomar de sus senos. Como el olor de la comida es una característica importante en la experiencia de alimentación, esto podría ser un verdadero problema y disminuir el apetito del bebé.

Cuando el bebé dice no

Hay algunas cosas básicas que esperar cuando el bebé dice "no" a la lactancia. Es posible que la negación sea temporal o permanente. Debe tener paciencia y enfocarse en ello lo suficiente para decidir de cuál de las dos se trata.

Es probable que sienta decepción, especialmente si tenía el corazón puesto en la lactancia. La otra decepción viene del hecho de que nunca averiguó la razón del rechazo del bebé. Puede ser que algunas de las posibilidades que señalé no sean la causa. Tal vez diga que siguió todos los pasos para un buen comienzo y terminó con un bebé que dice "no" a la lactancia. Tengo que admitir que yo también me sentiría muy decepcionada.

Podría esperar que sucedan estas cosas si el bebé se niega a la lactancia natural, ya sea en forma temporal o permanente:

1. Intente identificar cualquier factor que haya causado el rechazo. Si es al principio de su experiencia de lactancia, deberá tratar de cambiar cualquier factor causal que encuentre. Si la lactancia ya está bien establecida, puede tratarse de circunstancias temporales lo que ocasionó que el bebé de repente se negara. La dentición y la introducción a la alimentación sólida pueden ser dos factores probables.

2. Si no puede resolver el asunto usted sola, busque ayuda profesional. Es importante si desea reanudar la lactancia. Existen algunas técnicas y circunstancias con las que un experto en el campo de la lactancia puede ayudarle.

3. Los bebés con confusión de pezón o preferencia por biberón no cambian su patrón de la noche a la mañana. Debe tener paciencia.

4. Necesitará el apoyo y la comprensión de su esposo o compañero durante estos momentos desafiantes. No debe enfrentarlo sola. Su sistema de apoyo la escuchará y le ofrecerá consejos.

5. Su instinto maternal será culparse a sí misma. Se preguntará qué hizo para que esto sucediera. Dudará si hizo algo diferente que lo provocó. Bueno, no hay necesidad de hacer esto. Sólo debe tener esperanzas y tratar de resolver o sacar el mejor provecho de sus circunstancias.

6. Probablemente querrá tirar la toalla y renunciar a la lactancia. Después de todo, si el bebé no quiere tomar de sus senos, no tiene caso continuar. Asegúrese de discutirlo con el médico del bebé así como con su profesional de la lactancia antes de tomar la decisión de renunciar. Para tomar esta decisión necesita tener todos los hechos sobre la mesa y consejo profesional. Muchas mujeres que renuncian por voluntad propia a menudo se arrepienten de no haber tomado una decisión informada.

Su plan de alimentación

Es un hecho que si el bebé no quiere aceptar el pecho, tendrá que recurrir a otro método de alimentación. Pero no debe abandonar la esperanza y resignarse al fracaso. He visto y conozco algunas historias impresionantes. Ha habido muchos bebés que dan un giro completo y reanudan la lactancia después de un rechazo temporal o después de haber empezado la alimentación con biberón.

Esto es especialmente cierto en bebés prematuros, cuya única introducción al alimento fue en un biberón. Enfrentémoslo, si el personal del hospital usa sólo biberón para darle al bebé su leche materna, tendrá que vivir con ello. Con un poco de persuasión, paciencia y persistencia, he visto bebés prematuros asirse de los senos como si estuvieran comiendo por primera vez. Los bebés maduran con el tiempo y esto les permite aprender a succionar con facilidad.

Haga su propia leche

Definitivamente puede elegir extraerse la leche y alimentar al bebé como si tomara de su pecho. Si decide hacer esto, necesitará un tira leche médico de pistón, que brinde una mejor fuente de estimulación a los senos y será un medio eficaz de vaciar sus senos.

Necesitará extraerse la leche cuando menos cada dos o tres horas, o tan seguido como el bebé coma. Ésta es la frecuencia de estimulación que necesitan sus senos, y si lo hace menos veces, corre el riesgo de disminuir su producción de leche. En caso de que esto suceda tendrá que considerar la leche de fórmula con el fin de satisfacer y nutrir al bebé.

Recuerde, cuando se extrae la leche y mantiene su producción, es mejor usar un paquete de recolección que estimule ambos senos. Al bombear los dos al mismo tiempo obtiene una gran fuente de estimulación y ayuda a conservar la producción de leche.

Con biberón

Después de considerar la alimentación con taza o con el dedo, podría considerar darle biberón al bebé. Sí, admito que expliqué al principio de este capítulo que la alimentación con biberón es un factor que puede contribuir al rechazo del pecho. Sin embargo, bajo estas circunstancias, tal vez no tenga otra opción cuando se trata de un método de alimentación. Si no puede dar el pecho al bebé, se debe recurrir a otros medios para proporcionarle comida.

Tengo varias pacientes que usan el sistema de alimentación Avent con sus bebés e informan tener buenos resultados. La tetilla o el pezón de silicón tiene una punta larga que puede introducirse en la boca del bebé. Este pezón flexible parece permitir al bebé una transición de vuelta a la lactancia con algo de persistencia y paciencia de parte de la madre.

También puede encontrar que un pezón de ortodoncia es benéfico para alimentar a un bebé con biberón. Puede ayudar a amoldar la forma de la boca pero tal vez haga que el bebé trague aire. Debe sacarle el aire a menudo ya que el biberón permite el paso de más aire.

Artefactos para alimentar

Se cuenta con varios artefactos para la alimentación que se utilizan en combinación con la lactancia. Éstos pueden ayudar al bebé a asirse a su pecho. También ayudan a complementar la leche materna y le dan una alternativa mientras tanto. La idea detrás de un artefacto para alimentar es atraer al bebé a fin de que vuelva a asirse a sus senos. Una vez asido, se le recompensa con su leche materna hasta que esté satisfecho.

Es probable que el artefacto más conocido en el marco de la lactancia es el suplementador, el Sistema de Suplemento de Nutrición de Medela. Este dispositivo contiene un recipiente para la leche de fórmula que permite al bebé consumir líquido mientras succiona del pecho. El recipiente se usa alrededor del cuello y la pequeña sonda se pega a su pezón. Funciona una vez que el bebé está asido al seno y recibe la recompensa de la leche materna. La sonda también puede asegurarse a su dedo y alimentarlo con éste. En cuanto empieza a succionar, la alimentación del bebé se complementa con líquido.

La alimentación también puede incluir el uso de una pezonera. Si el bebé tiene problemas para asirse a su seno, se coloca una pezonera delgada y flexible de silicón sobre el pezón y la areola. Esto ayuda al bebé a asegurar su pezón en la boca para la toma. Cuando use una pezonera, tenga cuidado de vigilar el aumento de peso del bebé. Algunos bebés no estimulan los senos ni vacían la leche totalmente cuando se les alimenta con pezonera. Debe retirar paulatinamente la pezonera cuando el bebé parezca listo para asirse a sus senos.

Usar un gotero o la combinación de una jeringa con una sonda es otra alternativa para dar al bebé su leche materna. Algunos consultores de la lactancia que trabajan en ayudar al bebé pueden sugerirle esto. La ventaja es que puede continuar ofreciendo leche materna mientras trata de restablecer la succión de los senos.

Los artefactos para alimentar pueden ser molestos y consumir tiempo para una mamá que alimenta al bebé con frecuencia. Es importante que tome la decisión con base en lo que le haga sentirse cómoda. Usted sabe la cantidad de paciencia que posee, especialmente al enfrentarse a un bebé que rechaza el pecho. Decida un plan que funcione y sepa que puede alterarlo o cambiarlo conforme lo permitan sus circunstancias.

El muy popular Sistema de Suplemento de Nutrición™ de Medela®.

(Fuente: Medela, Inc.)

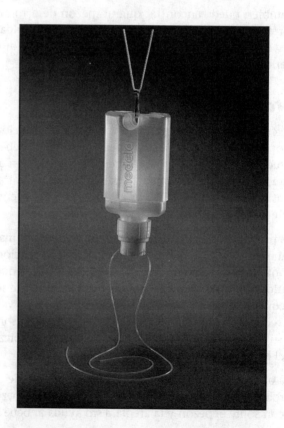

La taza para bebé Ameda® para alimentación alternativa.

(Fuente: Hollister, Inc.)

Capítulo 25

Lactancia adoptiva

La práctica de lactancia para un bebé adoptado se ha dado por años. En ocasiones no era cuestión sólo de adopción sino de supervivencia. Cuando una madre no sobrevivía al parto y su bebé sí, alguien tenía que alimentarlo. Por muchos años, el único medio de alimentación era de los senos de otra mujer.

En esta época rara vez vemos que una mamá muera por complicaciones en el parto. El sistema moderno del cuidado de la salud ofrece muchas pruebas que ayudan a predecir cualquier complicación durante el embarazo. Lo que tenemos actualmente son muchos bebés que necesitan familias donde puedan tener amor y apoyo. Cuando un bebé se une a una familia por medio de la adopción, el instinto materno puede inspirar a cualquier mamá a desear la lactancia natural. Así que si ha escuchado o dudado si es posible, siga leyendo.

Bases de la adopción

Hablando en términos generales, dar el pecho a un bebé adoptado implica la *inducción* de producción de leche materna. Esto significa que alguien literalmente empieza de cero. Puede provocarse o iniciarse la lactancia por medio de estimulación de los senos con el uso de hierbas o medicamentos, así como la succión real de un bebé.

La literatura habla de mujeres que pudieron dar leche materna a un bebé durante tiempos de guerra, hambre y desastres naturales. Literalmente, una mujer recoge a un infante o niño cuya madre murió y lo pega a sus senos. Ya sea que ella haya amamantado antes o nunca en su vida, se estimulan los senos para producir una sustancia nutritiva que alimenta al bebé.

En situaciones donde prevalece tensión extrema y desesperación, se ve el poder de la mente sobre la materia. El estímulo repetido de los senos puede resultar en una secreción capaz de nutrir a un infante, y la estimulación adicional de una hierba o medicamento pueden complementar el proceso.

Cuando observamos la lactancia para un bebé adoptado, los principios son los mismos. Da la bienvenida a un nuevo bebé en sus brazos y se vuelve responsable de alimentarlo y nutrirlo. Querrá darle todo el amor posible y qué mejor manera que a través de la lactancia.

En ocasiones, dar el pecho a un bebé adoptado puede implicar *relactancia*. La relactancia involucra la estimulación de lactancia en una mujer que no amamantó inicialmente después de dar a luz. También incluye una mamá que reanuda su lactancia después de haberla dejado. Con el simple hecho de volver a aplicar estímulo a los senos y vaciar cualquier leche que se produzca, una madre puede reanudar alguna forma de producción de leche.

La mujer no tiene que estar embarazada o haber amamantado antes para producir leche, lo cual es una situación verdaderamente asombrosa. Con sólo estimular las hormonas correctas, una mujer es capaz de producir leche materna. Recuerde que la glándula mamaria es una glándula sudorípara modificada. El poder del cerebro humano es tal que con estímulo suficiente pueden lograrse cosas increíbles en el cuerpo humano.

Respecto a las bases de la lactancia de un bebé adoptado, el enfoque no debe ser en la producción de leche sino más bien en la relación que se establece entre madre e hijo. El poder del cariño humano prevalece en una situación donde el bebé necesita amor, refugio y alimento.

Lista de pendientes

Antes de establecer la lactancia de un bebé adoptado es bueno aprender lo más posible sobre el asunto. Cada vez más, las mamás que adoptan bebés quieren tratar de darles el pecho. Igual que con cualquier nueva tarea o habilidad, es especialmente importante conocer todo a lo que se enfrentará.

Quizá encuentre muy útil contactar a un médico que apoye la lactancia del bebé adoptado. Un profesional de la lactancia puede ofrecerle referencias de otras madres que han practicado la lactancia natural con sus bebés adoptados así como ayudarle con sus preparativos. Algún líder de la Liga de La Leche también tendrá información para una madre adoptiva.

Así mismo deberá hablar con su pediatra o médico familiar sobre la lactancia con su bebé adoptado. Esto tal vez la haga enfrentarse con mucha especulación de parte de su médico, quien considerará la salud y el bienestar del bebé, pero puede no estar de acuerdo con su decisión. Busque otro médico que la apoye.

Es importante entender que muchas madres adoptivas necesitan complementar su producción de leche mientras dan el pecho al bebé adoptado. El suplemento podría ser leche de fórmula para bebés. En algunos casos, la mamá se pone en contacto con un banco de leche humana a fin de conseguir leche para su bebé, la cual puede administrar a través de un artefacto de alimentación en sus senos o con el dedo.

En algunas circunstancias, una madre puede hacer arreglos con otra mujer que esté amamantando para que le suministre leche. Yo tendría cuidado con esto, ya que existe la posibilidad de transmisión de alguna enfermedad infecciosa a través de esta leche donada. La leche humana puede transmitir virus como VIH y hepatitis. No se arriesgue a la transmisión de un virus. Considere firmemente el suministro de leche a través de un banco de leche humana donde las donaciones se analizan y se pasteurizan igual que en un banco de sangre.

Asegúrese de discutir con su esposo o compañero sobre la decisión de dar el pecho al bebé adoptado. No sólo necesitará apoyo sino también opiniones sobre la opción de la lactancia natural con su nuevo bebé. Verifique abordar todas las preocupaciones y preguntas para estar segura de que todos los involucrados tendrán una experiencia positiva.

También es extremadamente importante entender que es posible que los procedimientos de adopción no salgan como usted los planeó. Varias personas me han consultado sobre la lactancia de un bebé adoptado y he visto cómo terminan en pesadillas emocionales después de semanas y meses de preparación. Sea realista y anticipe todos los procedimientos de adopción.

Empezando

La preparación para la lactancia natural con su bebé adoptado implica algunas cosas y esfuerzo de su parte. Puede existir o no cierta ventaja en la estimulación de la producción de leche antes de que llegue el bebé. Algunos consultores de la lactancia y madres adoptivas tienen opiniones diferentes. No puedo decirle que un preparativo funcione mejor que otro.

Deberá considerar estos puntos en su estrategia de preparación:

➤ Póngase en contacto con un médico sobre la lactancia adoptiva.

➤ Lea toda la información disponible sobre la lactancia adoptiva.

➤ Hable con una mamá que haya amamantado a un bebé adoptado.

➤ Localice a un proveedor de tira leche médico de pistón.

➤ Comience la estimulación de pezón y senos con masaje manual.

➤ Localice a un proveedor del suplementador de alimentos.

Es probable que usted desee intentar la estimulación de su producción de leche antes de que nazca el nuevo bebé. Esto quizá resulte sólo en estimulación y señalización de la glándula mamaria en preparación para la secreción de leche. En otras palabras, puede o no producir calostro como resultado de sus esfuerzos de estimulación. Si elige usar estimulación de los senos, deberá empezar alrededor de entre 8 y 10 semanas antes de la fecha probable de parto. Para obtener la mejor estimulación debe usar un tira leche médico de pistón. Será suficiente un paquete sencillo de accesorios que pueda intercambiar entre un seno y el otro.

Puede empezar con 5 a 10 minutos de bombeo, seis u ocho veces en un día. Hágalo en ambos senos. Es posible que empiece a recolectar una sustancia transparente o amarillenta como resultado de la estimulación. Es la primera leche o calostro que produjeron sus senos y es una buena señal de que la estimulación es adecuada, pero tampoco se preocupe si no ve nada. Tal vez no conseguirá ni una gota de leche hasta que empiece realmente a alimentar al nuevo bebé.

Si nada resulta de sus esfuerzos de bombeo, no debe sentir que ha sido en vano. El grado de respuesta de cada persona es diferente; no se desanime ni dude en estas primeras semanas de preparación. Debe seguir concentrada en mantener el lazo de amor y establecer confianza entre usted y su bebé. No hay mejor forma de desarrollar un vínculo amoroso entre el bebé y su madre que a través de la succión en los senos.

Puede usar la hierba llamada *alholva* en preparación para producir leche. Es un galactófago que actúa para estimular las células de los senos en la glándula mamaria. La alholva está disponible en forma de cápsulas, té y tintura. Algunas mamás informan que se obtienen mejores resultados de la tintura, mientras que otras dicen que las cápsulas son más efectivas.

Puede elegir tomar alholva en las siguientes maneras:

1. Ponga semillas de alholva en un té. Déjelo reposar durante 20 minutos para que se concentre. Bébalo dos o tres veces al día.

2. Deberá tomar de dos a tres cápsulas de alholva, tres veces al día.

3. Agregue entre 10 y 15 gotas de tintura de alholva a un líquido caliente como agua o un té de hierbas. Bébalo cuando menos dos veces al día.

La lactancia exitosa de un bebé recién nacido empieza en el parto. Esto incluye también al bebé adoptado. Si es posible, haga planes para estar presente en el parto y permítale que succione sus senos lo más pronto posible después del nacimiento. Discuta con el personal del hospital o centro obstétrico, incluyendo el consultor de la lactancia, sus intenciones de dar el pecho al bebé adoptado. Conozca las políticas y los procedimientos de la adopción que tal vez no le permitan amamantar de inmediato. Quizá tendrá que empezar a abordar los asuntos y documentos legales.

Un *suplementador* de alimentación le permite dar leche materna o leche de fórmula al bebé mientras succiona de sus senos. Este artefacto es un recipiente con tubos para alimentación que se usan con los senos o los dedos. Muchas mamás lo han usado con bebés adoptados para hacer creer al bebé que está tomando de sus senos. Quizá necesite varios intentos para acostumbrarse a este tipo de artefacto, así que tenga paciencia. La recompensa de dar el pecho a su bebé adoptado es que lo hará sentirse suyo.

La mayoría de las mamás adoptivas encuentran que tienen que complementar al bebé con leche de fórmula o leche materna de donadora. Algunas que han practicado la lactancia natural con éxito con un bebé adoptado dicen que su producción de leche era suficiente. No se haga ilusiones con base en estas anécdotas porque pueden decepcionarla. Hable con el médico de su bebé y pida recomendaciones de suplementos. Tenga en mente que la leche de donadora puede ser una opción muy costosa. Si el bebé tiene la necesidad médica de ella, averigüe si el seguro médico cubrirá los gastos. De otro modo, haga planes para abastecerse de cualquier complemento nutricional que elija.

Capítulo 26

Coma, beba
y dé el pecho

No hay duda de que se cuestionará qué debe comer y beber mientras da el pecho. Después de todo, el embarazo la acostumbró a ciertos hábitos de alimentación saludables. Proporcionará la fuente de nutrición para el bebé a través de sus senos. Entonces, es importante concentrarse en lo que pasa por su boca, con el fin de balancear los componentes correctos para su leche materna.

Mantenerse bien nutrida mientras amamanta no es nada difícil. Le dará gusto saber que no hay reglas sobre qué comer y beber durante la lactancia, sólo deberá seguir la dieta básica que usó durante el embarazo. Incluso, puede añadir sus dulces favoritos a su plan de alimentación, ¡pero con moderación! Este capítulo abordará los alimentos y las bebidas que debe ingerir durante la lactancia.

¿Qué hay de comer?

El Departamento de Agricultura de Estado Unidos reunió un plan alimenticio maravilloso para todos, aconsejando los alimentos adecuados. Se llama pirámide de alimentación y es un gran plan que funciona para cualquier persona, incluyéndola a usted, la mamá que da el pecho. Se divide en los siguientes cinco grupos:

➤ Pan, cereales, pasta y arroz

➤ Frutas

➤ Vegetales

➤ Carne, pescado, aves, huevos y nueces

➤ Leche, yogur y queso

Tiene recomendaciones sobre el número de porciones que debe consumir al día. Entienda que son sugerencias. Habrá algunos días, dependiendo de su metabolismo, que no podrá cumplir con su cuota, mientras que habrá otros en que excederá las recomendaciones, especialmente si su apetito es voraz.

Como madre en lactancia, podrá consumir entre 500 y 700 calorías adicionales con su dieta diaria. Eso hace un total de entre 2000 y 2200 calorías al día. Es muy fácil consumir estas calorías adicionales. Si le parece mucho, no se preocupe, son las calorías necesarias para fabricar leche materna y son las que consumirá su bebé.

Es necesaria una dieta balanceada y nutritiva para satisfacer sus requisitos de energía. Después de todo, está fabricando leche materna además de cuidarse y cuidar al bebé. Comer de los grupos recomendados de alimentos la pondrá en el camino correcto para enfrentar las demandas de energía de ser mamá nueva.

La panera

El pan y los cereales, la pasta y el arroz son fuentes excelentes de *carbohidratos* complejos. Estos alimentos aportan la "chispa" a sus bujías para que pueda empezar a funcionar. También son una gran fuente de fibra. El número de porciones recomendadas de este grupo durante la lactancia es de 9 a 11. ¡Son muchos carbohidratos!

Algunos ejemplos de este grupo de alimentos incluyen:

- ➤ Bagel
- ➤ Panqué
- ➤ Waffle
- ➤ Pan
- ➤ Cereal
- ➤ Pasta
- ➤ Arroz
- ➤ Tortillas

Trate de comer cuando menos dos porciones con el desayuno, y una o dos más a media mañana. Dos porciones en la comida le aportan la mitad del consumo recomendado. Como bocadillo por la tarde y un par de porciones más con la cena será lo ideal. Le sorprenderá cómo algo de la panera la mantiene mental y físicamente en forma.

Local de frutas y vegetales frescos

Quizá no sea muy aficionada a los vegetales y no le parezcan atractivos, pero el hecho es que proporcionan una gran fuente de minerales, vitaminas, fibra y carbohidratos que son vitales para que su cuerpo funcione. La variedad es la clave para consumir lo que se requiere.

Como mamá en lactancia, deberá ingerir entre tres y cinco porciones. Los vegetales pueden ser cocidos, pero obtendrá el mayor provecho si los come crudos. Cuando cuece vegetales en agua o al vapor, los minerales y las vitaminas terminan en el agua.

Si le dijeron que evitara los vegetales como el brócoli, las coles de Bruselas, la coliflor o la cebolla mientras está amamantando, yo le voy a decir lo contrario. Existen rumores de que estos vegetales "gaseosos" producirán gases en el bebé causando horribles cólicos. No es cierto. No existe ninguna evidencia científica que muestre que estos alimentos ocasionan problemas a los bebés en lactancia, así que puede disfrutarlos cuando guste.

Las frutas son plenas cuando se trata de contenido vitamínico, especialmente los cítricos. Los carbohidratos y la fibra abundan en una amplia variedad de frutas que puede consumir. La ingestión diaria recomendada mientras practica la lactancia es de dos a cuatro porciones. Puede agregar frutas a casi cualquier platillo que prepare para ayudar a satisfacer su necesidad de dulce.

Es posible combinar frutas y vegetales con cualquier pan, cereal o grano. Podría considerar cualquiera de estas combinaciones para cumplir con su cuota diaria:

➤ Bagel con jamón o mermelada

➤ Apio con mantequilla de maní

➤ Mezcla de frutas secas

➤ Rebanadas de manzana

➤ Vegetales crudos con alguna crema o salsa

➤ Ensalada de frutas

➤ Paletas heladas de jugo de frutas

Estos refrigerios son nutritivos y rápidos de preparar. Si cuenta con ayuda disponible para la preparación de alimentos, pida a alguien que le haga un bocadillo de fruta y vegetales.

Proteínas

Si recuerda algo de la clase de ciencias sobre los aminoácidos, éstos son los cimientos de construcción de las células de su cuerpo. Los aminoácidos son un grupo de

191

nitrógenos orgánicos, que son el fundamento de muchas proteínas. La proteína es un nutriente vital y no puede omitirlo de su plan de alimentación.

Se recomienda que las mamás en lactancia consuman de tres a cuatro porciones de proteína al día, lo cual en realidad no es mucho si lo analiza. Una porción de una onza en el desayuno y una de tres onzas en la comida cumplen con la necesidad diaria. Debe comer una variedad del grupo de proteínas tales como carnes, pescado, frijol y chícharos, huevos y nueces. De nuevo, sea creativa al combinar sus proteínas con otros grupos de alimentos.

Lácteos

La leche, el yogur y los quesos son productos lácteos que muchas personas adoran. Son esenciales para las mamás en lactancia por la fuente de calcio, vitamina D y fósforo que aportan. Los dientes y los huesos, así como el corazón y los músculos requieren de estos minerales para funcionar correctamente.

Durante la lactancia deberá tratar de consumir cuando menos cuatro porciones de productos lácteos al día, ya que son una fuente excelente de calcio. Las mamás en lactancia necesitan cuando menos 1200 a 1500 miligramos de calcio diarios. Esto ayuda a mantener una producción apropiada en su cuerpo para evitar la debilitante enfermedad llamada osteoporosis en años posteriores.

Algunas personas dicen que no pueden o no "quieren" consumir productos lácteos por el sabor o por intolerancia a la lactosa. Puede obtener calcio de varias fuentes alimenticias aparte de la leche y los quesos. Busque ingerir alimentos fortificados con calcio como el jugo de naranja, el pan y los cereales. Los siguientes alimentos también contienen calcio:

➤ Salmón

➤ Sardinas

➤ Nabo

➤ Col china

➤ Col

➤ Brócoli

➤ Naranjas

➤ Almendras

De igual manera es importante señalar que si su familia tiene historia de alergias, algunos rastros de productos lácteos en su leche materna pueden molestar a su bebé. El bebé puede reaccionar a residuos de leche de vaca, huevos, pescado, trigo y cítricos. Deberá hacer algo al respecto si el bebé da señales de reacción y tendrá que hacer cambios a su consumo de alimentos.

192

¿Qué hay de beber?

Es importante que proporcione a su cuerpo bastantes líquidos mientras está en lactancia. Recuerde que la leche materna está compuesta de agua en un 87 por ciento. Deberá beber para satisfacer y apagar su sed.

Un buen hábito a desarrollar es beber líquidos cada vez que da el pecho. Esto significa que en las primeras semanas tendrá que tomar entre 8 y 12 vasos al día. ¿Por qué? Porque es la frecuencia con que deberá alimentar al bebé. Muchos líquidos ayudan a sacar los productos de desecho y las toxinas de su cuerpo.

Sus líquidos pueden incluir cualquiera de los siguientes:

➤ Agua

➤ Jugo de frutas

➤ Leche

➤ Jugo de vegetales

➤ Sopa

Cuando bebe suficientes líquidos, la orina es amarillo claro o casi incolora. Si fuese amarillo oscuro y concentrada, es señal de que necesita beber más líquidos.

Agua

Además de ser un importante componente de la leche materna, las células de su cuerpo también necesitan agua, al igual que las células del cuerpo del bebé, y para él no hay mejor fuente que la leche de su mamá.

De la misma manera que lo hace con su bebé, el agua ayuda a regular sus intestinos. El bebé evacua una sustancia casi líquida mientras toma leche materna. ¡Es el indicio de un bebé amamantado! Los líquidos en su sistema evitan el estreñimiento. Estar bien hidratada prácticamente evita inflamación en las manos, tobillos y pies, además de que la orina frecuente ayuda a minimizar que se presenten infecciones en vías urinarias.

Procure beber ocho vasos de agua al día. La fruta y los vegetales frescos también son una gran fuente de agua. Es de lo que están compuestos en su mayoría. Comer frutas y vegetales crudos le ayudará a consumir estos grupos de alimentos.

Leche y jugos

Los jugos de frutas son fuentes adecuadas de líquido, pero tendrá que tener cuidado con la cantidad que consume, ya que muchos contienen grandes cantidades de azúcar en forma de fructosa o miel de maíz. Debe limitar su ingestión debido a estas concentraciones de azúcar.

193

No tiene que beber enormes cantidades de leche para tener mucha leche. No estoy segura dónde comenzó esa creencia. La leche puede ser muy buena fuente de líquido, especialmente porque aporta una concentración poderosa de calcio y fósforo. Tal vez desee combinar la leche en una sopa, un postre o una malteada. Funciona bien si no es muy afecta a la leche sola y necesita ocultar el sabor con algo que le guste.

¿Café, té o refrescos?

Los consumidores beben estos tres líquidos en cantidades masivas cada día y la verdad es que no son buenos para su salud. La cafeína es un estimulante y admito que yo la ingiero para despertar todas las mañanas. Le sacude el cerebro para estar alerta y funcionando cuando más lo necesita.

El té, los refrescos de cola y el café contienen cafeína. Lo mejor será que mientras esté dando el pecho al bebé limite su consumo de cafeína a 200 miligramos o menos, es decir, alrededor de dos tazas de ocho onzas de café o refresco, o tres tazas de té. Mientras más deje reposar el té, mayor es la concentración de cafeína. El café, el té y los refrescos actúan como *diuréticos*, lo cual en realidad la deshidrata. Entonces, deberá minimizar su ingestión de cafeína o sólo tomar bebidas descafeinadas.

Consuma estos alimentos con moderación

Existen algunos alimentos que es necesario ingerir pero que deben consumirse con moderación. Son aquellos que contienen grasas, aceites y azúcar. Estos alimentos pueden ser malos para su organismo si los come con frecuencia o en grandes cantidades. El cuerpo necesita grasa, pero sólo una cantidad muy pequeña.

Hay grasa buena y grasa mala. Lo mismo sucede con el azúcar. No deberá consumir más de cuatro porciones de grasa en un día, lo cual equivale a una cucharada cafetera. La lactancia puede quemar las calorías, pero no ayuda en nada sumergirse en un mar de aceite.

Cosas dulces

Algunos tenemos una verdadera preferencia por lo dulce. La mía es sólo chocolate. ¿Hay alguien que me acompañe? Estuve determinada a dar el pecho y seguir comiendo chocolates. Mi medio feliz era combinar mis chocolates en pequeñas cantidades con alimentos saludables, como leche malteada con una cucharada extra de chocolate, o tal vez media taza de helado de chocolate, o una mezcla de algo con chocolate.

Puede comer postres y dulces mientras está en la lactancia siempre y cuando no exagere. Tome una rebanada pequeña de pastel de queso y póngale dos cucharadas de fruta fresca. Coma un par de galletas con un vaso de leche. Esto va a satisfacer su ansiedad y al mismo tiempo su porción de fruta o lácteos del día. No se niegue todos los dulces; sólo recuerde comerlos con moderación.

Alcohol

En clase siempre hay una mano levantada preguntando acerca de un vaso de vino durante la lactancia. Me encanta contestar esta pregunta. Voy al grano y digo que no hay problema en tomar una bebida alcohólica ocasionalmente. Aunque el consumo regular o excesivo de alcohol *sí es* un problema. Cualquier mamá que amamanta y consume alcohol en forma regular es una amenaza para su bebé.

Algunos estudios han demostrado que el bebé puede consumir menos leche materna o negarse a ser amamantado si su madre consumió alcohol. Quizá sea el olor o el sabor. El alcohol puede interferir con su producción, minimizando o evitando su liberación de leche materna.

Aquí el tiempo es importante. Puede consumir una bebida alcohólica justo después de terminar una toma o de extraerse la leche de los senos. Si las tomas son cada dos o tres horas, el alcohol puede llegar al máximo en su torrente sanguíneo y eliminarse entre tomas. Recuerde que el alimento en su estómago ayuda a absorber el alcohol. También recuerde beber muchos líquidos ya que el alcohol deshidrata.

Si toma medicamentos

Probablemente encontrará que los lineamientos sobre cuáles medicamentos son compatibles con la lactancia son muy difíciles de entender. Nadie quiere ser responsable de abordar este tema tan serio. Hay algunas cosas que deben considerarse, pero hablando en términos generales, muchos medicamentos son compatibles hasta cierto grado con la lactancia. Cualquier medicamento que usted tome llegará a su leche materna en alguna proporción. Sin embargo, la cantidad de sustancia activa del medicamento que toma por lo general no es suficiente para causar daño al bebé.

Existen algunos puntos a considerar antes de tomar un medicamento:

- ➤ ¿Qué edad tiene su bebé?
- ➤ ¿Cuál es su necesidad médica para tomar el fármaco?
- ➤ ¿Por cuánto tiempo deberá tomar el medicamento?
- ➤ ¿Qué tan rápido se elimina el medicamento de su cuerpo?
- ➤ ¿Cuánto tiempo hay que esperar para la toma con esa dosis?
- ➤ ¿Cómo se toma el medicamento?

Es probable que reciba consejos diferentes de su médico y de su farmacéutico. Tome en consideración la seguridad y el bienestar de su infante. Muchos médicos usan los consejos de los fabricantes que aparecen en los insertos del paquete, los cuales normalmente se escriben para proteger al fabricante. En otras palabras, por lo general dicen que no debe tomar medicamentos si está embarazada o durante la lactancia.

Entonces, ¿qué puede hacer la madre en lactancia? Casi siempre, cuando una mamá necesita los siguientes medicamentos, usualmente son compatibles con la lactancia:

➤ Analgésicos

➤ Antibióticos

➤ Anticonvulsivos

➤ Antihistamínicos

➤ Antihipertensivos

➤ Broncodilatadores

El tiempo y la acción del medicamento son de primera importancia. El ingrediente activo llegará a su torrente sanguíneo y pasará a su leche materna si está en el proceso de lactancia, así como de extraerse la leche, entonces es cuando debe producir más leche. Recuerde que el seno por sí mismo no es una reserva de leche, sino un órgano que secreta una sustancia cuando se estimula activamente.

Si es posible que tome el medicamento después de dar el pecho o extraerse la leche, y éste se elimina rápido de su sistema, entonces es seguro usarlo. Deberá considerar con qué frecuencia y cuánto; obviamente deberán evitarse los medicamentos que no son compatibles con la lactancia.

Capítulo 27

De paseo

Una de las mejores cosas sobre la lactancia es lo increíblemente portátil que es cuando necesita salir. El hecho de que lleve la fuente vital de alimento de su bebé en el cuerpo, sin tener que empacar o preparar, almacenar, calentar o enfriar, es bastante conveniente. No hay necesidad de hurgar en el refrigerador o incluso pensar qué preparar. Su restaurante de comida rápida está abierto las veinticuatro horas, listo para servir.

Como mamá nueva, ciertamente querrá mostrar y compartir con todos su nuevo bebé. No hay nada mejor que dar un paseo pequeño con el nuevo miembro de la familia. Piense en ello como una excursión. Habrá algunas cosas que querrá llevar y necesitará vestirse para la ocasión. En este capítulo le ayudaré a organizarse y a examinar su guardarropa; también le ofreceré consejos sobre salir de casa con el bebé.

Ubicación, ubicación, ubicación

En cualquier parte que desee ir, ¡puede alimentar a su bebé! Hablo en serio. Vemos personas por todas partes, todos los días, engullendo todo tipo de alimentos. Alguien conduciendo su auto con las dos manos puestas en una hamburguesa. ¿Entonces cuál es el problema si el bebé desea comer cuándo y en dónde tenga hambre?

Bueno, es de dónde obtiene el bebé su comida lo que hace que la gente proteste. Sucede que la comida del bebé viene de los senos de la mamá y no de un empaque de cartón o papel. Y existe mucha gente que hará un gran escándalo sobre el lugar y la ocasión en la que el seno sirve un platillo.

Uno de los mayores inconvenientes que enfrentará cuando salga con el bebé es el público general: vecinos, clientes de una tienda, e incluso amigos y familiares. Si nadie usara ropa, los senos de la mujer estarían expuestos siempre. No tendríamos que cubrirnos y tener cuidado de ocultar la lactancia. Pero esto no es el caso en el medio ambiente actual.

Probablemente necesitará abordar la lactancia en público con cierta discreción. Es decir, sea prudente o precavida sobre la ubicación y sus alrededores para no levantar demasiadas críticas. Tendrá la oportunidad de encontrar un buen lugar así como desarrollar una rutina para la lactancia que sea sencilla para usted.

En privado

El primer lugar para practicar y sentirse cómoda con su lactancia es en la privacidad de su hogar. Alimentará a su bebé con la mayor tranquilidad sin que nadie la observe. Podría intentar hacerlo frente a un espejo para que vea lo que otros la verán hacer.

Deberá tratar de amamantar en casa de un familiar que es otro lugar privado. Le da la oportunidad de sentirse más tranquila con poca gente alrededor. Puede ir a una habitación vacía, ofrecer ahí el seno al bebé y ponerse una frazada ligera sobre el hombro. Entonces puede salir y unirse a la conversación o ver un programa de televisión. Aproveche la oportunidad de contestar cualquier pregunta sobre su lactancia. Muchas personas, incluyendo familiares, se sienten incómodas con la lactancia porque no saben mucho sobre ella. Ofrecer algunas respuestas ayudará a detonar su confianza y tranquilizará a todos.

Otro lugar privado es en su vehículo. Siempre vaya al asiento trasero para ofrecer una comida caliente. Cierre los seguros de las puertas para mayor seguridad. Si hace calor, puede encender el aire acondicionado. Si está nevando, entonces meta al bebé debajo de su abrigo y asegúrese de que el motor esté apagado. Podría estacionarse lejos de otros autos para mayor privacidad.

Varias áreas comerciales y tiendas departamentales tienen un vestíbulo privado para que se siente a dar el pecho. Éste puede ser un bienvenido descanso para sus pies y para estacionar la carriola. Puede usar los sanitarios para lavarse y luego reanudar sus compras. Algunas de mis pacientes me comentan que varios aeropuertos tienen una sala "familiar" donde se puede dar el pecho en privado. Tal vez desee localizar estos lugares.

Un lugar semiprivado que da la bienvenida a la lactancia es el cine. Qué manera más maravillosa de consentirse y consentir al bebé al mismo tiempo. Haga una cita con su esposo o compañero y traiga al bebé con ustedes. Yo tomaría ventaja de una función temprana para salir de casa.

En público

La lactancia en público requiere un poco más de creatividad de su parte, entonces, para no crear un espectáculo tendrá que encontrar un lugar donde haya poca gente. La mayoría de los lugares públicos que permiten la entrada a bebés y niños deben permitir la lactancia en sus instalaciones. Es mejor si da la espalda a la gente cuando se prepare para que el bebé coma de sus senos. Luego póngase una frazada o un suéter sobre el hombro y relájese. No tiene que cubrirse si no quiere hacerlo. La mayoría de las personas verán sólo que sostiene al bebé en sus brazos.

Si se aventura a ir a un restaurante, pida que la sienten en un área donde dé la espalda a los demás. Un gabinete o una mesa en una esquina remota funcionan bien. No debe haber problema con la alimentación de su bebé en un restaurante donde todos los demás también están comiendo.

Un parque o área de recreación puede ser público pero por lo general ofrece un área remota y tranquila. Su labor es encontrar ese lugar. Disfrutará de lo que ofrece la naturaleza cuando se relaje y alimente a su bebé.

Ropa informal

La ropa que usa cuando está dando el pecho debe ser sencilla. Querrá algo cómodo y fácil de usar. El lavado de su guardarropa debe ser tan fácil como sea posible en su posición de nueva mamá.

Muchas mamás encuentran que una blusa o camisa abotonada al frente es muy conveniente para la lactancia. Esto puede ser algo que quedó de su atuendo de embarazada o una talla extra de dama. También podría pedir a su esposo o compañero un préstamo de su ropero.

La ropa informal normalmente es muy cómoda. Las prendas hechas de algodón tienden a ser frescas en los meses de calor, y más calientes cuando hace frío. El algodón también absorbe la humedad y eso es algo que experimentan todas las madres que amamantan. Una camisa que se puede levantar desde la cintura ofrece acceso conveniente a sus senos.

Trate de usar ropa de colores claros o estampados suaves que escondan la leche materna que pudiera escaparse. Las prendas con fibras elásticas como la Lycra ofrecen gran comodidad y un poco de soporte a las mamás en lactancia. Encontré que los pantalones cortos elásticos, así como los pantaloncillos para aeróbicos debajo de una playera larga funcionaron muy bien en mi guardarropa.

Su ropa informal deberá incluir un sostén firme. Uno de algodón será más cómodo que los hechos de materiales sintéticos. Lea la etiqueta y vea el contenido de algodón de la tela. Cualquier sostén con Lycra o Spandex le darán mayor soporte por sus componentes elásticos. Las copas del sostén deberán ser de algodón y fáciles de abrirse para lactancia.

199

Ropa formal

Tener que vestirse para salir puede hacerla sentir una nueva persona. El truco para conseguir el atuendo correcto es encontrar una combinación de dos piezas. Falda y blusa, o pantalón y blusa son lo más indicado. Puede tener acceso desde la cintura y ser discreta respecto a la lactancia.

Una vez que esté arreglada como una muñeca y se dirija a salir por la tarde o noche, querrá llevar consigo algunos artículos. Esto es en caso de que gotee algo de leche o el bebé escupa un poco sobre su elegante atuendo. Empaque algunas almohadillas extra, ya sea de tela o desechables en su bolsa o pañalera. Podría considerar también un sostén limpio si va estar fuera varias horas. Lleve un suéter ligero que pueda quitarle el frío y le cubra una mancha indeseable.

Si está elegantemente vestida para salir sin el bebé, tendrá que hacer planes para extraerse la leche mientras está fuera. Hágalo en las horas en las que el bebé come normalmente. Un tira leche pequeño y portátil cabe perfectamente en su bolsa. También podría sacarse la leche manualmente en una taza, un lavabo o un excusado si fuera necesario.

Atuendos especializados

Muchas tiendas de maternidad y especialidades tienen prendas diseñadas específicamente para la lactancia. También puede tener alguna prenda de su embarazo que le dé acceso a los senos. Los diseños disponibles actualmente incluyen botones, costuras traslapadas y broches que permiten que la prenda se abra en los senos o cerca de ellos.

Intente buscar estas prendas en la sección de maternidad de su tienda departamental, y si no las ve, pregunte. En ocasiones la prenda se diseña tan bien que no notará si es para lactancia. Algunos catálogos de pedidos por correo ofrecen una amplia gama de prendas de temporada incluyendo trajes de baño con acceso para lactancia. Una compañía de pedidos por correo que se especializa en mujeres tiene tallas más allá de extra grande. Le recomiendo que tome sus medidas para seleccionar la talla correcta. Muchas compañías intercambian prendas que no se usaron o manchadas de leche materna. Si sabe coser, también hay patrones disponibles para crear sus propias prendas de vestir.

Ya fue suficiente... ¿estamos de acuerdo?

Capítulo 28

Destete a su bebé

No hay duda de que toda mamá que practica la lactancia natural se pregunte o le pregunten cuándo pondrá alto a todo este asunto. Parece que apenas superó los desafíos de empezar y alguien comienza a hablar sobre cuándo dejará de hacerlo. ¿Cuánto tiempo debe continuar su lactancia? Ahora que ya estoy adaptada, ¿hay un fin esperado o un destino final para mí?

Destetar tal vez no sea decisión de la madre, el bebé puede conducir a ello o ser un esfuerzo conjunto de madre e hijo. Por cualquier razón, quizá se encontrará en la posición de terminar las horas, los días o los meses de lactancia con su bebé. En este capítulo veremos los diversos aspectos de destetar así como el enfoque más seguro para disminuir paulatinamente su producción de leche materna.

Elegir el destete

Antes que nada veamos la definición de *destetar*. Significa retirar, desconectar o alejar gradualmente de una actividad o fuente. Esto sucede por lo general al reemplazar la fuente o actividad con un sustituto, lenta y gradualmente con el tiempo. Destetar de los senos maternos significa que la nutrición exclusiva de leche materna empieza a ser reemplazada con alimentos complementarios. Un alimento complementario puede ser líquido o sólido, y eventualmente se convierte en la fuente única de nutrición para un bebé. En cualquier momento que introduzca algo diferente a la leche materna en la dieta del bebé, comienza a destetarlo.

La recomendación de lactancia exclusiva durante el primer año de vida del bebé es una gran meta para la mayoría de las mamás. Sin embargo, cuando el deseo de la lactancia ya no es mutuo por cualquier razón, surge la opción de destetar. La madre debe consultar al médico del bebé, a su esposo o compañero, o al profesional de la lactancia para conseguir ayuda con la decisión de dejar de amamantar.

La lactancia proporciona a su bebé bienestar y seguridad. Sí, es nutritiva, pero también satisface las necesidades emocionales y psicológicas del bebé. Es importante considerar esto cuando se toma la decisión de destetar. Una mamá elige destetar parcialmente para seguir dando al bebé la nutrición así como los beneficios psicológicos y emocionales. Gran parte de la nutrición puede reemplazarse con otra fuente, pero la succión de los senos continuará proporcionando el bienestar y el amor que su bebé necesita.

Decisión de mamá

Su decisión de destetar al bebé puede ser por diversas razones. Sí, puede ser usted y sólo usted la que desea detener todo esto. Ya fue suficiente y sólo quiere que la vida vuelva a ser igual que antes del nacimiento del bebé. Puede decidir que no podrá amamantar o sacarse la leche al regresar a trabajar. Quizá haya circunstancias donde la irritación en los pezones, la fatiga o una infección en los senos influya en su decisión de destetar.

Destetar es quizá una actividad conducida social y culturalmente. La práctica o norma de destetar la dicta lo que cada cual hace. Si su mejor amiga le dice que ella destetó a su bebé a los cuatro meses, tal vez se sienta la influencia para hacer lo mismo. Los médicos también influyen mucho en la idea de destetar pronto a los infantes. Parece como que en el momento en que algo sale mal o parece diferente, la sugerencia de dejar la lactancia viene de todas direcciones. En los Estados Unidos, destetar por lo general se lleva a cabo dentro del primer año de edad de muchos bebés.

Es probable que la mayor influencia para dejar la lactancia son las demandas del trabajo combinadas con las demandas del hogar. Siente que no puede hacerlo todo. Siente una carga increíble al satisfacer las necesidades de todos y dar 110 por ciento de esfuerzo. Cada vez que voltea alguien quiere algo de usted. El bebé no entiende las presiones y las circunstancias de la vida en este mundo. Todo lo que él ve y escucha es la dulce sonrisa y la voz reafirmante de usted, su mamá. Algunos estudios demuestran que las demandas y los horarios del trabajo conducen a muchas mujeres a decidir destetar. Cuando la vida se vuelve turbulenta, sin mencionar agobiante, la alimentación controlada y programada parecen una solución.

Decisión del bebé

Muchos bebés mostrarán estar listos para probar otras fuentes de alimentos entre los seis y los ocho meses de edad. Esto significa alimentos sólidos así como otros líquidos. Una nueva experiencia de alimentación significa que el bebé puede usar su lengua y practicar masticar incluso cuando todavía no tiene dientes. El sistema digestivo del bebé también está en un punto de madurez suficiente para empezar a digerir algo diferente a la leche materna.

La leche materna quizá es la fuente exclusiva de nutrición durante el primer año de vida del bebé. Pero cuando parece estar listo para sólidos o cuando usted desea introducir sólidos, puede comenzar alrededor del sexto mes de edad para hacer una transición en la combinación de leche materna y alimentos sólidos.

Algunos bebés demuestran estar listos para pasar a la taza entre los siete y los nueve meses. En realidad empiezan a alcanzar cosas que pueden sostener y manejar. Después de todo, pasan mucho tiempo observando a mamá y papá poner cosas en su boca y quieren intentarlo también. Tal vez el bebé ya no tenga interés en succionar de sus senos porque es muy grande su deseo de explorar nuevas experiencias de alimentación.

Entonces, puede ser que el bebé esté pidiendo una expansión de sus horizontes alimenticios y empieza el proceso de destetar. No significa que retire al bebé de su pecho, sino más bien que expanda su dieta incluyendo alimentos sólidos, líquidos y leche materna. Algunas madres ofrecen jugos de frutas al principio del destete, lo cual está bien, pero no deben usarse en exceso. Los jugos de frutas proporcionan vitamina C, así como carbohidratos y calorías, pero no debe usarlos de manera exclusiva.

La leche materna es una fuente importante de proteínas y calcio, y debe continuar cuando menos hasta el primer cumpleaños del infante. Es por ello que la Academia Americana de Pediatría recomienda la lactancia de un bebé durante todo su primer año de vida. Si no puede o no desea proporcionar leche materna, entonces cuando menos elija usar leche de fórmula para bebé ese primer año. No debe subestimar la importancia de la leche para el bebé.

Es una emergencia

Pueden surgir circunstancias en las cuales debe empezar el proceso de destete porque su condición garantiza que se le irá la leche repentinamente. Quizá una enfermedad o una emergencia más allá de su control. Después de discutirlo con el médico de su bebé, toma la decisión de dejar la lactancia, lo cual podría ser muy difícil de manejar tanto para usted como para el bebé.

Con la lactancia ya establecida, sus senos continuarán funcionando y harán leche de acuerdo con lo programado. La cesación repentina de vaciar leche de sus senos probablemente dé como resultado un congestionamiento. Puede ser severo si está en las primeras cuatro o seis semanas de lactancia. Necesitará vaciarse los senos gradualmente cuando se llenen. Usted u otra persona pueden hacerlo con un tira leche o en forma manual.

203

Las mamás que experimentan destetar en forma abrupta pueden padecer *fiebre de la leche*. Esto es similar a los síntomas del resfriado como fiebre, escalofríos y debilidad general. Tal vez resulte de la reabsorción de leche materna en su cuerpo. Después de todo si su leche no se vacía o se saca, tiene que irse a algún lado y ése termina siendo su sistema de filtración, es decir, el sistema linfático. Los síntomas son fiebre, dolores musculares y escalofríos que durarán entre tres y cuatro días. Quizá se combinen con otros síntomas de la enfermedad que tiene.

Destetar con seguridad

Una vez que tomó la decisión, es el momento de empezar el proceso. Necesitará reemplazar cada toma con otro alimento, dependiendo de la edad del bebé y su etapa de desarrollo al destetarlo. Puede elegir entre líquidos y sólidos en biberón o taza. Esta fuente de alimento puede ser también la leche materna que tenga a la mano, leche de fórmula o sólidos.

Considere los siguientes pasos para su proceso de destetar:

1. Comience con un alimento en la mañana y ofrezca leche que se haya sacado, sólidos, jugo o leche de fórmula. Puede hacerlo con biberón, taza o una cuchara.

2. Tenga paciencia y tómese su tiempo. Por ello el alimento de la mañana debe ser el mejor. Después de todo, está presentando una nueva habilidad para aprender, y la lactancia no se aprendió de un día para otro.

3. Después de este alimento querrá extraerse leche de los senos para liberarlos de congestión. No debe ser un vaciado completo, sino sólo lo suficiente para sentirse cómoda. Guarde la leche y ofrézcala en otra toma.

4. Repita esto durante dos o tres días. Si el bebé se adapta y usted también, es el momento de retirar otra toma de los senos.

5. Continúe sin darle pecho en la toma de la mañana. Elija retirar una segunda toma. Por ejemplo, si le da de comer a las 8 de la mañana, deberá darle de nuevo a las 2 de la tarde. Después de la segunda toma sáquese la leche, sólo lo suficiente para reducir la presión y proporcionar comodidad.

6. Continúe estos dos alimentos para destetar durante dos o tres días. Si está lista, quite también una tercera toma, junto a la de las 2 de la tarde. Eso hace que la tercera comida sea alrededor de las 8 de la noche.

Puede continuar quitando tomas siguiendo este patrón hasta que haya completado el proceso de destetar. Depende de usted hasta dónde quiere llegar y en cuánto de tiempo.

Si sólo desea destetar parcialmente entonces puede continuar amamantándolo por la mañana y por la noche. Su cuerpo se ajustará. Extraer de sus senos sólo la leche suficiente después de cada toma le permite reducir en forma segura la cantidad de leche que produce, envía lentamente un mensaje de que necesita reducir la producción, y si el bebé en realidad no está succionando de sus senos, la estimulación también se reduce gradualmente. Las madres que trabajan y que desean mantener su lactancia a menudo eligen destetar en forma parcial.

Puede continuar amamantando sobre demanda mientras desteta, para permitir al bebé una transición gradual y lenta a sólidos y otros líquidos. Estas tomas pueden ser cortas y dulces, especialmente si el bebé necesita sólo un bocadillo rápido. El apetito del bebé empezará a satisfacerse con las otras fuentes de alimento que le ofrece. Recuerde que la lactancia proporciona bienestar y seguridad, y quizá lo único necesario sea un remedio rápido. Si el tiempo que succiona no es largo y efectivo, no será suficiente para una producción significativa de leche.

Altas y bajas

Una vez que empezó a destetar, puedo decirle que espere sentirse como en una montaña rusa emocional increíble. Las hormonas asociadas con la lactancia empezarán a balancearse en el interior de su cuerpo, incluyendo la cabeza. Sus emociones se verán desafiadas con los encuentros cotidianos.

¿Recuerda la hormona prolactina? La vimos hace varios capítulos y es la que hace la leche en realidad, pero también es responsable de darle la sensación de paz interna. Se asocia con sentimientos de bienestar y relajamiento. Es por ello que se duerme tan fácil durante y después de la lactancia.

Esté consciente de que puede presentarse un retiro de hormonas al destetar y esto puede ser responsable de cualquier señal o síntoma de depresión. Cualquier mamá con algún desorden psiquiátrico necesita vigilancia estrecha al destetar a su bebé. Por eso a las mamás a las que se les diagnosticó depresión postparto entran en un trastorno emocional cuando dejan la lactancia mientras toman antidepresivos. La situación podría requerir algún medicamento compatible con la lactancia para aligerar su montaña rusa hormonal. ¿Por qué quitar algo que está funcionando tan bien entre madre e hijo?

Las lágrimas y la culpa también son normales durante el proceso de destetar. Seguramente le rodarán lágrimas por las mejillas cuando se pregunte qué está haciendo en realidad. ¿Es correcto? ¿Mi bebé me odiará por hacer esto? ¿Por qué quiero abarcar tanto? Se sentirá desgarrada por tomar esa decisión y preguntará si existe otra solución.

El bebé puede tomar la decisión de destetarse. Recuerdo muy bien la mañana en que mi pequeña se sentó en la cama y me pellizcó el pezón con su mano. Le pregunté si quería comer y ahí sentada como un changuito, con un gesto en la cara me dijo "no". No puedo describir el sentimiento de decepción y rechazo que sentí. Ya no me quería. ¿Qué hice yo que ocasioné esto?

205

Puede haber sentimientos de alivio repentino al destetar, en especial si es algo que quería hacer desde un principio. Está bien admitirlo y celebrarlo. Todo depende de sus circunstancias. Si su lactancia fue dolorosa y sólo puede aliviarla con destetar al bebé, entonces eso es lo más importante.

Las circunstancias de destetar son únicas para cada mamá y su bebé. Ya sea que suceda por elección o por oportunidad, como madre, usted determinará qué es lo mejor para la salud física y mental de usted y de su bebé. La recomendación de la lactancia durante el primer año de vida de su bebé es exactamente eso: una recomendación. Tome sus decisiones con la información que tiene en las manos y en el corazón.

Glosario

Academia Americana de Pediatría   Grupo de médicos que se especializan en el cuidado de la salud de infantes y niños.

ácido decosahexaenoico   El principal ácido graso que se encuentra en la masa cerebral y la retina del ojo.

acini   Células de la glándula mamaria que producen leche.

adherencia   Banda de tejido que mantiene tensión estable entre órganos o ligamentos dentro del cuerpo.

administrador de un tercero   La persona o grupo con licencia para desempeñar servicios administrativos y presentar demandas en representación de una compañía de seguros.

alergénico   Cualquier sustancia, alimento o droga, que ocasione una respuesta alérgica. Un alergénico común entre los infantes es la proteína de la leche de vaca.

alholva   Un galactófago vegetal. Es una sustancia que tiene la capacidad de estimular la producción de leche. Puede consumirse en forma de té, cápsulas o tintura.

aminoácidos   Grupo de compuestos orgánicos basados en nitrógeno que son los cimientos de muchas proteínas.

analgésico   Droga o fármaco que reduce o alivia el dolor.

anemia   La deficiencia de sangre o hemoglobina en el cuerpo.

anestésicos   Medicamentos que producen pérdida de sensación. La anestesia general pone a una persona a dormir para bloquear el dolor. La anestesia espinal o epidural bloquea el dolor de la cintura para abajo.

anticuerpos   Inmunoglobulinas que detectan y atacan bacterias y virus para ayudar al cuerpo a resistir una infección. La exposición a bacterias o virus causa la formación de inmunoglobulinas.

apoyo   Soportar el peso, sostener, alentar, promover o mantener.

areola   La piel oscura alrededor del pezón. Ahí se encuentran los senos lácteos.

asirse   La acción de sujetarse de algo con seguridad.

"bajar la leche"   El reflejo de expulsar leche.

banco de leche humana   Un servicio que investiga y procesa leche humana donada. Los médicos recetan leche de donadora a algunos pacientes, por lo general infantes.

bilirrubina   Un subproducto que resulta del rompimiento del exceso de glóbulos rojos en la sangre. El exceso de bilirrubina en la sangre provoca ictericia.

calostro   El líquido pegajoso y amarillento en los senos que es la primera leche materna. Tiene una alta concentración de proteínas, inmunoglobulinas, vitaminas y minerales.

Candida albicans   El fermento que provoca candidiasis o infección por fermento, de pezones, areola y conductos de la leche.

carbohidratos   Substancias como azúcar, fécula o celulosa que se componen de carbono, hidrógeno y oxígeno. Son un combustible excelente para el cuerpo.

cesárea   El nacimiento de un bebé a través de una incisión quirúrgica que se realiza en el abdomen y el útero de la madre.

cólico   Término usado para la irritabilidad extrema e inexplicable del bebé, que continúa día tras día.

congestionamiento   Inflamación y distensión moderada de los senos en los primeros días de lactancia. Es de naturaleza patológica, no fisiológica.

depravado   Obsceno o indecente.

deshidratación   La pérdida de agua.

destetar   Retirar o alejar gradualmente de la lactancia. Destetar de los senos significa que la nutrición exclusiva de leche materna se reemplaza con alimento complementario.

diabetes   Enfermedad marcada por exceso de azúcar en el torrente sanguíneo porque el páncreas no produce insulina.

diarrea   Vaciado suelto, excesivo y frecuente de los intestinos.

discreto   Juicioso o prudente; ejercer precaución con cualquier acción o discurso.

diurético   Sustancia que aumenta el flujo de orina. Puede eliminar del cuerpo nutrientes esenciales como calcio, potasio y sodio antes de que se aprovechen.

doula   Persona que rodea, interactúa con y ayuda a la madre en cualquier momento dentro del periodo que incluye embarazo, parto y lactancia.

emoliente   Agente o medicamento suavizante. La leche materna contiene grasas y proteínas que actúan como emolientes cuando se aplican sobre el seno.

en su cuarto   Mantener al bebé en la habitación de usted todo el tiempo mientras esté en el hospital o centro obstétrico.

enterocolitis necrosante   Inflamación del tracto intestinal que puede ocasionar que el tejido muera. Los bebés prematuros tienen un alto riesgo de contraer esta enfermedad si no ingieren leche humana.

equipo médico durable   Equipo adecuado para usarse en el hogar y que se fabrica principalmente para tratar a heridos o enfermos.

fiebre de la leche   Síndrome de fiebre, debilidad muscular y dolor asociado con el congestionamiento de los senos o la interrupción repentina de la lactancia.

fitoquímicos   Químicos que se derivan de plantas.

frenillo   La banda gruesa de tejido que une la lengua con el piso de la boca. Cuando la lengua está apretada se debe a un frenillo muy tenso que restringe el movimiento de la lengua más allá de las encías.

galactófago   Sustancia o acción que estimula la producción de leche dentro de los senos.

glándula mamaria   Glándula que secreta leche.

glándulas de Montgomery   Pequeñas glándulas sebáceas en la areola del seno. Se vuelven más prominentes durante el embarazo. Secretan un líquido que lubrica el pezón, y pueden ser entre 20 y 24.

grabar   Fijar o imprimir en forma permanente, como en la mente.

hormona   Sustancia secretada por ciertas glándulas que pasa a la sangre y estimula la acción de varios órganos.

ictericia   Color amarillento en la piel de los recién nacidos causada por la aparición de un exceso de glóbulos rojos en la sangre. Aparece el color amarillo en la piel porque el hígado del bebé no puede procesar rápidamente la bilirrubina.

inducir   Producir o provocar que algo suceda o empiece.

infante prematuro   Bebé que nace antes de las 37 semanas de gestación, sin importar su peso al nacer.

inmunización   La introducción de una corriente o sustancia viral en el cuerpo que lo estimula para formar anticuerpos.

inmunoglobulinas   Proteínas que produce el cuerpo y se pasan de madre a bebé durante la lactancia. Los cinco tipos son IgA, IgD, IgE, IgG y IgM. IgA es la inmunoglobulina principal que se encuentra en el calostro y la leche materna.

irritación   Piel roja y caliente ocasionada por fricción.

lactancia   Periodo durante el cual una madre secreta leche de los senos para su bebé.

lactancia inducida   Proceso por el cual la madre no embarazada se estimula para amamantar.

lactosa   El carbohidrato predominante en la leche materna. Es la combinación de glucosa y galactosa.

lascivo   Dominado por el deseo sexual.

leche de donadora   Leche de un banco de leche humana, en el cual se pasteuriza la leche y se investiga a la donadora voluntaria.

leche madura   Leche materna que se produce comúnmente en la segunda o tercera semana de lactancia. Contiene poco o nada de calostro, pero tiene grandes cantidades de lactosa, grasa y vitaminas.

leche posterior   La leche que se libera del seno cerca del final de la toma. El contenido de grasa puede ser dos o tres veces la concentración que se encuentra en la primera leche y ayuda a satisfacer el apetito.

legislación   El acto de hacer o decretar leyes.

ligamentos   Bandas de tejido resistente y fibroso que conectan los huesos del cuerpo. Los ligamentos de Coopers tienen forma triangular y se encuentran debajo del tejido de los senos.

linfa   Líquido acuoso y alcalino que contienen los tejidos y los órganos del cuerpo.

lipasa   Enzima que deshace la grasa.

llegó la leche   Se refiere a la sensación de la madre cuando la cantidad de leche aumenta después del parto.

mamá   Nombre que el hijo da a la madre.

mammae   Término en latín para los senos que significa órganos que secretan leche.

mastitis   Infección en el tejido de los senos que los pone sensibles, rojos y calientes. También produce síntomas como de resfriado, tales como fiebre y debilidad muscular.

mecánico   Producido u operado por una máquina. Sacarse leche en forma mecánica significa extraer la leche de los senos usando un tira leche.

meconium   La primera evacuación de un bebé, una sustancia pegajosa de color verde oscuro.

médicamente necesario   Adecuado y necesario por los síntomas, el diagnóstico o el cuidado directo y el tratamiento de un padecimiento médico.

nodriza   Mujer que se contrata para amamantar a uno o varios infantes con su leche materna.

oxitocina   Hormona que secreta el cerebro para estimular la liberación de leche materna.

paciente externo   Asignación de paciente para personas que se atienden en una clínica, una sala o un área del hospital donde su estancia es breve.

paciente interno   Asignación del estado de un paciente para personas hospitalizadas que tienen una cama y servicio en su habitación.

paladar   El techo de la boca. El paladar duro está al frente de la boca detrás de la línea de las encías. El paladar suave está detrás del paladar duro y se extiende hasta la garganta.

pasteurización   El proceso de calentar leche para destruir organismos y sustancias que producen enfermedad.

pezón   Protuberancia pigmentada del seno que contiene entre 10 y 20 poros a través de los cuales fluye la leche.

pezón invertido   Pezón que se oculta por completo dentro del tejido del seno.

primera leche   La primera leche que se obtiene al principio de la succión o al sacarse la leche. Contiene menos grasa que la leche posterior.

Programa Especial de Nutrición Suplementaria para Mujeres, Infantes y Niños   Programa popular subsidiado por el gobierno de los Estados Unidos. Se estableció en 1974 y está administrado por el servicio de Alimentos y Nutrición del Departamento de Agricultura de los Estados Unidos.

prolactina   Hormona que estimula la glándula mamaria para producir y secretar leche. El término describe su acción, que significa apoyar o estimular la lactancia.

protector para senos   El componente plástico o de vidrio de un ensamble para recolectar leche. Cuando se coloca sobre el seno permite que se aplique vacío.

pubertad   La primera etapa en la cual una persona es capaz de reproducirse.

reflejo   La acción automática de los nervios motores bajo estímulo de los nervios sensoriales.

relactancia   El proceso de estimular la producción de leche en una mujer que no amamantó inicialmente después del parto. También puede aplicarse a la reanudación de la lactancia después de que se abandonó.

rudimentario   No desarrollado completamente.

senos lácteos   Pequeñas reservas en los conductos de la leche que radican en la areola del seno.

síndrome de muerte repentina en el infante   También conocido como muerte de cuna, es el deceso repentino e inexplicable de un bebé que sucede mientras se encuentra durmiendo.

sostén   Prenda interior de la mujer que sostiene los senos.

succión nutritiva   La lactancia que nutre y promueve el crecimiento.

succionar   Acto de jalar leche de los senos de la madre usando los labios, las quijadas y la lengua.

suministro y demanda   Término que se usa para la producción de leche materna donde mientras más leche se vacíe de los senos, mayor será el suministro de la misma.

suplemento   Sustancia con la cual llenar, añadir o suministrar cuando hay una deficiencia presente. La leche de fórmula para bebé es un ejemplo de un suplemento nutricional.

tiempo completo   Semana de trabajo de 40 horas en un empleo.

trabajo compartido   Compartir un empleo o puesto entre cuando menos dos personas.

trauma   Herida o lesión del cuerpo con efecto duradero causado por una fuerza violenta o presión severa.